W9-AVL-106

Libro **3**

ABRIR PASO

Libro de lectura y vocabulario

Eva Neisser Echenberg

Para Margo

MIRAFLORES

P.O. Box 458 Victoria Station, Westmount
Montreal, Quebec H3Z 2Y6 Canada
Telephone: (514) 483-0722
Fax: (514) 483-1212
e-mail: miraflores@sympatico.ca
Internet: http://www.miraflores.org
Printed in Canada

Distribuidor exclusivo en Canadá:
Librería Las Américas
10 St. Norbert
Montreal, Quebec H2X 1G3 Canada
Telephone: (514) 844-5994
Fax: (514) 844-5290

© Copyright, 1993
First edition, 1993
Second edition, 1996
Third edition, 1999
Reprint, 2000, 2001, 2002, 2003

Legal Deposit
National Library of Canada,
2nd trimester, 1999
National Library of Québec,
2nd trimester, 1999

ISBN 2-921554-03-8 (First edition)
ISBN 2-921554-07-9 (Second edition)

ISBN 2-921554-60-7 (Third edition)

Authorizations:
- Eva Lewitus, Foto Art, Lima, Perú, p. 64, 87
- Robert y Evelyn Lyons, Londres, Reino Unido, p. 53, 57
- Manfred Stark, Lima, Perú, p. 46, 74
- *Oda a la papa (Nuevas Odas Elementales)* © Pablo Neruda, 1956 and Heirs of Pablo Neruda, p. 82
- Toni, *El País*, March 21, 1991, p. 113

Photography (cover): Michelle Green Echenberg
Graphic Design: Ink Spot Creation

ABRIR PASO – LIBRO 3

CAPÍTULO	TEMA	VOCABULARIO	GRAMÁTICA	ORAL	TAREA
VENEZUELA					
1. I. Margarita	turismo	mundo natural	presente, preposiciones	vacaciones imaginarias	mundo natural
2. Caracas	geografía / historia	vida urbana	artículos def. e indef.	tu ciudad	una ciudad
3. El petróleo	historia / vida diaria	num. ordinales	concordancia	productos derivados	decreto anti-contam
4. S. Bolívar	historia	gobierno / democr.	pretérito	Washington y otros	héroes nacionales
Nota cultural: ¿Qué piensa el latinoamericano del norteamericano?					
COLOMBIA Y ECUADOR					
5. García Márquez	cultura / literatura	literario	pretérito	una novela	un libro leído
6. La cocaína	vida diaria	comercial	pretérito perfecto	droga en tu ciudad	legalización ¿sí /no?
7. I. Galápagos	ecología	cuerpo	prepos. / acentos	una foto	peligro de extinción
8. J. Olímpicos	deporte	competición deport.	compar. / superlat.	la tele y los JO	participación en JO
Nota cultural: de negocios					
PERÚ Y BOLIVIA					
9. La Amazonía	ecología	mundo natural	ser / estar / hay	bosques / desaparición	ecología, tema libre
10. La papa	ecología	cultivos	artículos def. e indef.	poema de Neruda	una planta útil
11. Machu Picchu	turismo	adverbios de lugar	preposiciones	lenguas autóctonas	eres arqueólogo
12. La ambulante	vida diaria	trabajo casero	presente / pret. perf	entrevista	ambulantes ¿sí/no?
Nota cultural: la ropa					
ESPAÑA					
13. ¿Qué visita...	turismo	casa y castillo	adv./ prepos. / pret.	billete de entrada	turista minusválido
14. El fútbol y la...	deporte / vida diaria	juegos	muy / mucho / conc.	tele española	carta / información
15. P. Delgado	deporte	atletismo	imperat. / pret.	solitario vs. equipo	solitario vs. equipo
Nota cultural: la España del futuro y las consecuencias sociales					

Índice

Prólogo

Prólogo

Propósito.

Para poder comunicar verdaderamente con otra persona, sobre todo con alguien de otra cultura, es necesario no sólo aprender su lengua, sino también saber algo sobre su país, su forma de vivir, su cultura en general. El propósito de este pequeño volumen es ayudar al alumno de tercer nivel a hacerse una idea básica sobre el mundo hispano, al mismo tiempo que desarrolla un conocimiento mayor de la lengua. El volumen trata los siguientes países:

• Venezuela, Colombia, Ecuador, Perú y Bolivia

• España

La organización del volumen, quince lecciones, corresponde al tercer semestre al nivel colegial y al tercer año al nivel secundario. El concepto geográfico y cultural, ya empezado en los libros 1 y 2, se extiende.

El volumen también permite al profesor la libertad de emplear unos ejercicios en clase y dar otros de tarea.

La lectura.

Entre los muchos aspectos de la lengua, la lectura ha sido casi olvidada como medio de enseñanza. Es importante volver a emplearla, dado que sirve como un elemento básico. La comprensión del lenguaje escrito ayuda al alumno a aprender la organización de ideas, analizar éstas y finalmente a aprender a pensar y escribir. La ventaja de lecturas organizadas por nivel es que permiten al alumno, aumentar su vocabulario de manera eficaz. El alumno aprende a reconocer los parecidos entre su idioma y el español, semejanzas que al profesor muchas veces le parecen obvias, pero que no lo son tanto para el alumno. Las oraciones de los textos son más complejas, el vocabulario un tanto más difícil y el nivel de dificultad está ligado al de un alumno que habla, lee y escribe a un nivel intermedio.

Metodología.

Todos los capítulos tienen las siguientes partes:

1. **Pre-lectura.** Sirve de introducción al tema y lo liga al mundo del alumno.

2. **Vocabulario anterior a la lectura.** Este ejercicio obliga al alumno a dar un vistazo al texto y así hacerse una idea global de él. Este ejercicio evita que el alumno empiece la lectura, haciéndola palabra por palabra, sin saber adonde se dirige.

3. **Texto.** El lenguaje utilizado es para un alumno de nivel intermedio, quien ha estudiado el idioma por cierto tiempo.

4. **Comprensión del texto.** Los ejercicios permiten al alumno y a su profesor analizar el nivel de comprensión.

5. **Vocabulario.** Los ejercicios sirven para incrementar el vocabulario del alumno, a través de prefijos, sufijos, sinónimos, antónimos y palabras derivadas.

6. **Gramática.** Se hace un repaso del pretérito, del pretérito perfecto y de artículos, adverbios y preposiciones.

7. **Oral.** Las preguntas se refieren a los temas de la pre-lectura y sirven de comparación entre el texto y el mundo del alumno.

8. **Composición.** Los temas de composición son variados y permiten al alumno hablar de temas concretos.

9. **Lista de vocabulario.** Al final de cada capítulo se encuentran las palabras más empleadas de la lección.

10. **La Red.** Palabras claves para que el estudiante pueda continuar la búsqueda sobre el tema y temas conexos.

Gracias.

Agradezco primero a mis alumnos sus preguntas y sus ideas, pues fueron ellos los que impulsaron este trabajo. Agradezco a mis colegas, sobre todo a los que emplearon los textos en sus salas de clases, y luego me dieron un sinnúmero de ideas. Me gustaría nombrar a algunos: María Babinski, Diane Duchaine, Margo Echenberg, Sonsoles Fernández, Achille Joyal, Frida Kaal, Pierre Limoges, Eifion Pritchard, Marie-Claudine Rostaing y Elisabeth Wörle-Vidal. Agradezco también a los expertos en computación, Walter Neisser, Marina Ocampo e Ingrid Stockbauer. Sin su ayuda este volumen nunca hubiese aparecido. El constante apoyo de Myron siempre me ha sido la mayor ayuda.

Tercera edición
Montreal, 25 de junio de 1999

Pre-lectura: ¿Dónde te gusta pasar tus vacaciones: ¿en la playa? ¿en una ciudad? ¿en las montañas? ¿Qué te gusta hacer durante tus vacaciones? ¿tomar el sol? ¿practicar deportes? ¿hacer compras? ¿pasear?

ISLA MARGARITA: TURISMO VENEZOLANO Y EXTRANJERO

En español hay muchas **palabras semejantes** a las mismas palabras en tu idioma. El número te indica el párrafo donde se encuentra cada palabra. **Escríbelas, por favor.**

2 ultra _____

    3 pal _____

5 labe _____ , can _____ , Vir _____ , per _____

    6 frec _____

7 conte _____

    8 che _____

¿Comprendes la palabra <u>pue</u>r<u>t</u>o en el párrafo **2**?
Mira bien las consonantes y compáralas con tu idioma.
Las letras subrayadas son las mismas que la palabra en tu idioma.

1 ¿Por qué hay tantos turistas extranjeros en la Isla Margarita? Porque muchos turistas saben lo que es bueno y barato. Esta pequeña isla tiene todo lo necesario para pasar unas excelentes vacaciones: bellas playas, un clima ideal, varias excursiones interesantes y muchas tiendas.

2 Isla Margarita también es un centro turístico muy popular para los venezolanos. Muchos pasan sus vacaciones en la isla. Otros vienen por un día o por unas horas solamente para hacer compras porque Isla Margarita es un puerto libre. ¿Qué es un puerto libre? Significa que sobre los productos importados a Isla Margarita no se pagan impuestos[1]. En Porlamar, ciudad principal de la isla, tienen tiendas para todos los gustos y todos los presupuestos[2]. Las tiendas en el Avenida Santiago Mariño venden ropa importada de Francia, ultramoderna, y en las calles que

---

[1] impuesto (m.): *dinero que pagan los habitantes a un país, una ciudad o una municipalidad*
[2] presupuesto (m.): *cálculo anticipado del coste*

van hasta el mercado viejo hay miles de tiendas caras y baratas. Y para los que quieren regatear, hay un mercado de pulgas[1] muy bien organizado.

3 En las playas de Porlamar, están los turistas extranjeros que no saben que las playas más bellas, como, por ejemplo, Manzanillo, Playa Pedro González y Pampatar, están fuera de la ciudad. Otra playa linda y muy popular es El Agua. En todas hay arena blanca, palmeras, mar y cielo azul. El único problema es que en las playas no hay mucha sombra[2] y muchos de los turistas que vienen durante el invierno parecen cangrejos[3] después de un día.

4 Es fácil ir a estas playas, pues todas están a unos 20 o 30 minutos de Porlamar. Simplemente hay que tomar un "carrito por puesto". Éstos son taxis o carros un poco más grandes de lo normal, que llevan a varias personas. Los carritos por puesto son baratos y se encuentran en el mercado viejo y en la Plaza Bolívar. Van a las playas como también a las otras ciudades de la isla.

5 Desde Porlamar, se pueden hacer varias excursiones interesantes. La primera es a la Laguna La Restinga con su laberinto de canales, su vegetación tropical y su inmensa playa. La segunda excursión es a La Asunción, una pequeña ciudad colonial muy bella. Las visitas a la catedral, donde hay una Virgen decorada con las famosas perlas de la Isla Margarita, y al castillo, son obligatorias.

6 Otra excursión muy interesante es a Caracas. Los aviones salen frecuentemente, no cuestan mucho y sólo tardan 50 minutos en llegar a Caracas. Es agradable pasar un día en la capital de Venezuela, pues Caracas es una ciudad bella e impresionante.

Completa la frase:
En la fota de la Laguna La Restinga se ve

_____

[1] mercado de pulgas (sinónimo: rastro): *sitio para comprar y vender cosas baratas*
[2] sombra (f.): *donde no hay sol*
[3] cangrejo (m.): *crustáceo de cuerpo redondo*

7 Los venezolanos están muy contentos con el aumento del turismo en Isla Margarita y están desarrollando dos centros turísticos más: Puerto La Cruz y Cumaná. Los dos están cerca de Isla Margarita, pero en el continente sudamericano. Los venezolanos dicen que el Parque Nacional Mochima, entre los nuevos centros de Puerto La Cruz y Cumaná, es tan bello como la famosa Côte d'Azur en el sur de Francia.

8 Y una nota final. Los venezolanos, prefieren las tarjetas de crédito a los cheques de viaje. Si pagas con cheques de viaje los precios son más altos. Para cambiar[1] los cheques de viaje es mucho más rápido utilizar las casas de cambio, porque en los bancos necesitan mucho tiempo. Sin duda lo más fácil es encontrar un cajero automático.

Comprensión del texto
A. Decide cuál es la idea principal de los párrafos siguientes.

1. La idea principal del párrafo **2** es que
   _____ a. Isla Margarita es un centro turístico muy popular.
   _____ b. muchas personas van a Isla Margarita porque es un puerto libre.
   _____ c. es posible ir a Isla Margarita por sólo un día.

2. La idea principal del párrafo **3** es que
   _____ a. las playas más bellas están en Porlamar.
   _____ b. las playas más bellas están fuera de Porlamar.
   _____ c. las playas más bellas están donde hay carritos por puesto.

3. La idea principal del párrafo **7** es que
   _____ a. también hay centros turísticos en el continente sudamericano.
   _____ b. a causa de la popularidad de Isla Margarita hay nuevos centros en el continente sudamericano.
   _____ c. el Parque Nacional Mochima es extraordinario.

4. La idea principal del párrafo **8** es que
   _____ a. los cheques de viaje no se utilizan en Venezuela.
   _____ b. los cheques de viaje son muy populares en Venezuela.
   _____ c. los cheques de viaje se emplean pero hay problemas de cambio.

B. Síntesis
Resume el texto en una sola oración.

_____

_____

_____

[1] cambiar: *convertir; como por ejemplo dólares a bolívares*

Los Llanos

Ordena las frases para hacer oraciones lógicas.

1. a. __ un gran contraste
    b. _1_ los Llanos venezolanos ofrecen
    c. __ con la Isla Margarita

2. a. __ los Llanos son
    b. __ que cubre un 30% de Venezuela
    c. __ una inmensa región ganadera[1]

3. a. __ pero hay 5 millones de cabezas de ganado
    b. __ aquí no hay árboles
    c. __ ni muchas personas

4. a. __ el equivalente del cowboy, y se
    b. __ el llanero es
    c. __ ocupa del ganado

5. a. __ franco y vivo, con un
    b. __ gran sentido de humor
    c. __ el llanero es un hombre muy especial,

6. a. __ en el Llano también
    b. __ fuerza hidroeléctrica gracias al río Orinoco
    c. __ hay grandes reservas de petróleo y

Los Llanos

La región de los Llanos se encuentra
en el _____ de Venezuela.

a. centro
b. norte
c. sur

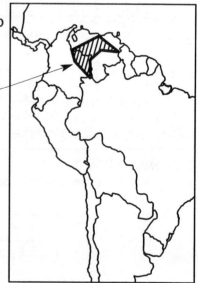

---

[1] ganado (m.): *conjunto de animales: vacas, toros, etc.*

Mérida

Vocabulario

A. Escoge la palabra correcta.

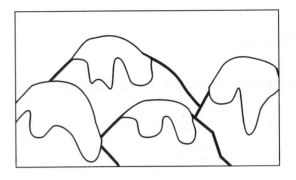

La región de los Andes presenta un gran contraste con las playas del Caribe y con los Llanos. En la región de los Andes, en el oeste del país, se encuentra Mérida, una bella ciudad colonial, con altas montañas alrededor.

En Mérida puedes tomar el teleférico[1] más alto y largo del mundo. El teleférico (sube / baja) al Pico[2] Espejo en cuatro partes, cuatro etapas de 15 minutos cada una. A causa de la altura, es bueno parar en cada etapa. Aquí es necesario llevar un abrigo porque la (última / primera) etapa[3], donde hace mucho (frío / calor), está a 4.765 metros. El aire tiene (poco / mucho) oxígeno y causa (mal / bien) de altura, el soroche. Evidentemente ésta no es una excursión para personas (jóvenes / viejas).

Pero la subida en teleférico es una excursión espectacular. Hay vistas (extraordinarias / horrendas) de los Andes, del valle de Mérida con sus ríos y lagos, y en la distancia, de los Llanos.

Desde la tercera etapa, es posible (subir / bajar) hasta Mérida a pie. Toma seis horas y está recomendado sólo para las personas en (excelente / mala) condición física.

---

[1] teleférico (m.): *funicular; vehículo suspendido de un cable*
[2] pico (m.): *punta de una montaña; parte más alta*
[3] etapa (f.): *proceso gradual en partes distinguibles*

El río Orinoco

B. En los espacios escribe los sinónimos de las siguientes palabras.

emplean	gran	acaba	colecta	comienza

El río más importante de Venezuela, el Orinoco, es navegable en gran parte. <u>Empieza</u> (_____) en la frontera con el Brasil, cruza el país hasta la frontera con Colombia, pasa por los Llanos, por zonas semitropicales y tropicales y <u>recibe</u> (_____) las aguas de muchos ríos. Después de 2.151km sale al Océano Atlántico. <u>Termina</u> (_____) en un <u>inmenso</u> (_____) delta, mayor que el delta del río Misisipí.

El Orinoco sirve para el transporte; sus aguas se <u>utilizan</u> (_____) tanto para la irrigación como también para la producción de energía hidroeléctrica.

¡Vamos a Venezuela!

C. Preposiciones

Emplea las siguientes preposiciones.

a	con	para	de	en	por

1.

       David: -¿Cómo puedo ir _____ Venezuela?

Gaby: - P_____ avión. Si compras tu billete fuera _____ Venezuela puedes visitar 23 destinaciones posibles _____ un sistema de pases aéreos _____ turistas extranjeros. Hay pases _____ 7 días, _____ 14 días y _____ 21 días, todos baratos.

2.

       David: -¿Entonces puedo ver todo el país?

Gaby: -¡Imposible! Venezuela es un país muy grande. ¡Pero atención! Los aviones siempre van llenos. Si no reconfirmas tu vuelo, pierdes el asiento. Y siempre tienes que estar _____ el aeropuerto _____ dos horas _____ anticipación.

3.

       David: -¿Pero no es muy caro _____ un estudiante?

Gaby: -No es caro porque _____ Venezuela puedes acampar. Es muy popular y muchos venezolanos pasan el fin _____ semana _____ la playa, _____ las montañas o _____ los Llanos. Siempre es prudente acampar cerca _____ otras personas _____ razones de seguridad.

4.

       David: -¿Entonces no tengo que pagar hoteles?

Gaby: -¡Claro que sí! No es posible acampar en un camino simplemente _____que no quieres pagar el hotel. Puedes acampar solamente donde hay otras personas acampando.

5.

       David: -Bueno, pienso que voy _____ ir _____ Venezuela.

Gaby: -Te va _____ gustar. Es un país de grandes contrastes. Tiene playas lindas, montañas altas, costas espectaculares y ciudades interesantes.

Oral (en parejas)

Cuando hablamos utilizamos sonidos y palabras para tener tiempo, para darnos tiempo para pensar.
Utilizamos **sonidos** como:

¡Ah!	¡Oh!

y **palabras** como:

bueno	bien	mira	vamos a ver
oye	veremos	pues	

Por ejemplo: -Oye, ¡David, vamos a Venezuela!
                -Bueno, mira, no sé. Tengo que pensarlo. No tengo mucho
                 dinero, pues.

Emplea las expresiones arriba mencionadas para responder.
¡No es necesario decir la verdad! Emplea tu imaginación. Inventa respuestas originales.

1. ¿Adónde piensas ir de vacaciones?
2. ¿Puedes ir a Venezuela durante las vacaciones? ¿Por qué?
3. Inventa, por favor. ¿Adónde vas a ir en Venezuela, a la playa, a las montañas, a los Llanos o al Orinoco? ¿Por qué?
4. ¿A qué otro lugar en Latinoamérica vas a ir? ¿Por qué?
5. ¿Con quién vas a ir? (Inventa una respuesta interesante)
6. ¿Vas a hablar solamente español allí?
7. ¿Qué vas a hacer durante tus vacaciones? (cinco actividades diferentes)
8. ¿Por cuánto tiempo vas a ir de vacaciones?
9. ¿Dónde vas a vivir?

Composición

Describe un lugar de interés natural: un parque, un bosque, un río, una playa, una montaña, etc.

Vocabulario
Repaso

	Femenino	**Masculino**
	turista (f. y m.)	billete
		coste (costar)
		extranjero(a) (f. y m.)
		mercado
		pasaporte
		precio
		primero(a) (f. y m.)

Vocabulario nuevo

	compra (comprar)	cambio (cambiar)
	excursión	cheque
	visa	cheque de viaje
	visita (visitar)	desarrollo (desarrollar)
		turismo
		último(a) (f. y m.)

Navegando por la Red

Para más información consulta:
(Nota: escribe primero el nombre del país)

1. **Lugares de interés turístico:** Cataratas del Ángel, Mérida, Los Roques, río Orinoco, La Gran Sabana, Canaima, Guarico, Cojedes, Apure, Barinas, Los Medanos de Coro, Tachira, Morroco y Mochima, Higuerote, Tucacas

2. **Bailes:** joropo, carite, burriquita

3. **Instituto Nacional de Parques**

4. **Periódicos:** El Universal, El Nacional, Diario del Lago, Diario la Hora, The Daily Journal, El Venezolano, 2001, Meridiano, newspapers Venezuela; revistas: Número, Resumen

Pre-lectura: En tu país, ¿hay muchas personas que viven en el campo o en la ciudad? ¿Vives en una ciudad? ¿Es grande o pequeña? ¿Hay muchos inmigrantes?

CARACAS: UNA CIUDAD LATINOAMERICANA

Los sinónimos de estas palabras están en el texto.

Escríbelos. El número te indica el párrafo donde está cada palabra.

1 hispanoamericanas _____,

distintas _____

2 único _____,

habitantes _____

4 personas _____

5 cuarto _____

6 ayuntamientos _____

7 metrópoli _____

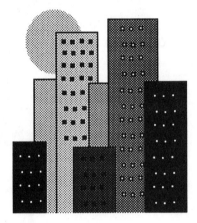

1 Las ciudades latinoamericanas del siglo veintiuno son muy diferentes de lo que fueron en los años mil novecientos treinta y cuarenta. Hoy las ciudades son gigantescas. Por ejemplo:

	Caracas	Lima	México D.F.
	Cifras oficiales	Cifras oficiales	Cifras oficiales
⇒	220.000 ('36)	445.000 ('36)	1.029.068 ('30)
⇒	1.975.000 ('03)	7.617.193 ('01)	18.234.000 ('03)
	Cifras probables	Cifras probables	Cifras probables
⇒	4.500.000 ('03)	10.000.000 ('03)	25.000.000 ('03)

2 El movimiento del campo a la ciudad no es singular a las ciudades latinoamericanas. En algunos países europeos este movimiento ocurrió hace más de 100 años. Por ejemplo, Londres tenía 935.300 habitantes en 1801 y 2.500.000 cincuenta años más tarde. En 1846, la población de París era de un millón; de dos millones en 1875 y de tres millones en 1913. En Europa, explicamos este movimiento como parte de la revolución industrial.

3 ¿Y Caracas? Hoy Caracas es una ciudad grande, con millones de habitantes. Gracias al petróleo, Caracas es la ciudad más rica de América del Sur. Es una ciudad muy moderna, con rascacielos[1] y con autopistas que cruzan la ciudad; es una ciudad donde hay industria y trabajo para muchos.

4 ¿Por qué han ido tantas personas a Caracas y a todas las ciudades latinoamericanas? Porque la gente piensa que en las ciudades hay más trabajo, más posibilidades, mejor educación para sus hijos. La gente mira hacia el futuro y lo ve en las ciudades. Ellos dicen que en el campo y en sus pueblos las posibilidades son pocas.

5 Pero no es fácil ir de un pueblo a Caracas. El ritmo de vida es muy diferente. Con frecuencia no hay suficientes casas, no hay electricidad, no hay servicios higiénicos para los recién llegados. Los que llegan construyen casas muy pobres; muchos viven en una sola habitación y sus vidas son muy difíciles. Y a Caracas no solamente han venido otros venezolanos, sino también otros sudamericanos, sobre todo colombianos.

---

[1] rascacielos (m.): *edificio de muchos pisos*

6 Tampoco para las ciudades es fácil. Es imposible integrar en poco tiempo a tanta gente porque las municipalidades no tienen el dinero necesario para construir calles nuevas, para instalar la electricidad, para poner desagües[1] y líneas telefónicas. Frecuentemente pasan meses y hasta años antes de instalar los servicios necesarios.

7 El crecimiento urbano en América del Sur, como en las ciudades de Asia y África donde existe el mismo movimiento del campo a la ciudad, resulta en parte de la revolución industrial. Pero la industria en estos países es reciente y, por eso, también es reciente la migración del campo a la ciudad.

¿Te gustan las matemáticas?

Calcula el porcentaje. Emplea las cifras probables.

1. México D.F.
¿Cuántas veces más gente hay en 2003 que en 1930?

_____ veces

2. Caracas.
¿Cuántas veces más gente hay en 2003 que en 1936?

_____ veces

Conclusión lógica:

En el siglo XX el movimiento del campo a la ciudad es _____ en los países del tercer mundo que en Europa.

---

[1] desagüe (m.): *canal que lleva subterráneamente las aguas residuales*

Comprensión del texto

A. Escribe V (verdad) o F (falso) después de cada oración.

1. En el siglo XIX las ciudades europeas eran más grandes que las ciudades latinoamericanas. _____

        2. La gente va a la ciudad porque en el campo la vida es aburrida[1]. _____

3. En las ciudades, inmediatamente construyen nuevas casas y edificios para los que vienen a instalarse allí. _____

        4. Las ciudades latinoamericanas no tienen ni teléfonos ni desagües. _____

5. La migración del campo a la ciudad es un fenómeno latinoamericano que no existe en otros países. _____

B. Responde con oraciones completas.

1. ¿Por qué piensas que va a continuar la migración del campo a la ciudad en los países latinoamericanos?

_____

_____

2. ¿Por qué hay latinoamericanos de otras nacionalidades en Caracas?

_____

_____

3. ¿Cómo eran las ciudades europeas antes de la revolución industrial?

_____

_____

4. ¿Cuándo empezó el movimiento del campo a la ciudad en Latinoamérica?

_____

_____

---

[1] aburrido: *opuesto de interesante*

Vocabulario

A. En la ciudad de Caracas hay muchas tiendas y, evidentemente, en estas tiendas venden muchas cosas.
   ¿Cómo se llaman los productos que venden en estos establecimientos comerciales?

1. En una zapatería venden _____.

    2. En una carnicería venden _____.

3. En una heladería venden _____.

    4. En una papelería venden _____ y objetos para escribir.

5. En una farmacia venden _____.

    6. En una panadería venden _____.

Divide la lista de productos en cuatro categorías.

Comestibles[1]	*helados* , _____ , _____
Ropa	_____
Artículos para la escuela	_____ , _____
Productos farmacéuticos	_____

---
[1] comestible: *lo que se puede comer*

B. Las personas que viven en Caracas, los caraqueños, son muy correctos, muy corteses.

¿Qué responden? (<u>Subraya</u> la respuesta correcta)

1. -Hola, ¿cómo estás?
a. Soy bien, gracias. ¿y tú?   b. ¡Estoy bien, gracias! ¿y tú?   c. ¡Está bien!

2. -Hoy es mi cumpleaños.
a. ¡Buen viaje!   b. ¡Mucho gusto!   c. ¡Felicidades!

3. -Te invito a mi fiesta.
a. ¡De nada!   b. ¡Muchas gracias!   c. ¡Salud!

4. -Te presento a mi amiga Chela.
a. ¡Gracias!   b. ¡Mucho gusto!   c. ¡Buen viaje!

5. -Mañana tengo un examen muy difícil.
a. ¡Gracias!   b. ¡Encantada!   c. ¡Buena suerte!

6. -Chau.
a. ¡Chau!   b. ¡Salud!   c. ¡De nada!

A. Oral (en parejas)
1. ¿Vives en la ciudad o en el campo?
2. Tus abuelos, ¿viven en la ciudad o en el campo?
3. ¿Cuántos habitantes tiene la ciudad donde vives?
4. Hace 50 años, ¿cuántos habitantes tenía esta ciudad? (Si no lo sabes, pregunta a tu profesor.)
5. ¿Prefieres el campo o la ciudad? ¿Por qué?
6. Donde vives, ¿hay inmigrantes de habla hispana? (que hablan español)
7. ¿Cómo viven estos inmigrantes?
8. ¿Sabes de qué países son?

B. Describe la foto de Caracas que está en la página 11.

Caracas

Emplea los artículos.

| el | la | los | las | un | una | unos | unas |

Caracas está a sólo 28km de ____ costa pero a causa de ____ altura (960m) tiene ____ clima ideal. Todos ____ días del año hace calor de día y fresco de noche. ____ ciudad está en ____ valle y tiene montañas alrededor. En Caracas hay muchos parques donde crece ____ gran variedad de flores tropicales.

Caracas es ____ ciudad cosmopolita con importantes centros residenciales y comerciales. Es ____ capital sudamericana más moderna; tiene grandes hoteles, restaurantes, museos, centros comerciales, teatros y cines. Para facilitar ____ transporte tiene inmensas autopistas que cruzan ____ ciudad y ____ metro ultramoderno, limpio y seguro. Su arquitectura es muy moderna. ____ ejemplo de esta excelente arquitectura es ____ Ciudad Universitaria donde ____ pinturas, esculturas y ventanas están integradas con ____ arquitectura de ____ universidad.

Pero, a causa del gran número de vehículos y ____ importante actividad comercial, hay contaminación. Y a causa de ____ migración del campo a ____ ciudad, hay muchas casas muy pobres (llamadas "ranchos") de construcción muy precaria.

Caracas es ____ ciudad de inmigrantes. De cada seis personas, ____ persona es ____ inmigrante. Entre ____ años 1950 y 1971 llegaron ____ millón de inmigrantes europeos, principalmente de España e Italia. Y desde ____ años '70 siguen llegando muchos peruanos y colombianos, algunos legales y otros ilegales.

Síntesis del texto anterior

Escribe una oración.

_____

_____

Composición

Describe una ciudad. Recuerda sus ventajas e inconvenientes.

Vocabulario

Repaso

	Femenino	Masculino
	población	ayuntamiento

Vocabulario nuevo

	farmacia	establecimiento comercial
	gente	servicio
	heladería	
	librería	
	migración	
	panadería	
	papelería	
	vida	
	zapatería	

Navegando por la Red
Para más información consulta:
(Nota: escribe primero el nombre del país)

1. **Lugares:** Capitolio Nacional, Plaza Bolívar, Panteón Nacional, Palacio Miraflores, Palacio Blanco, Museo de Bellas Artes
2. **Centros:** Plaza Bolívar, Plaza Venezuela, Sabana Grande, Chacaíto, Altamira, La Floresta, Boleíta
3. **Parques:** Monte Ávila, Parque Los Caobos, Parque del Este
4. **Puerto:** La Guaira, Aeropuerto Internacional Maiquetía
5. **Música:** Juan Vicente Torrealba, Los Torrealberos, Simón Díaz, Un Solo Pueblo, Quinteto Contrapunto

Pre-lectura: ¿Tú utilizas petróleo todos los días? ¿En tu casa? ¿Para el transporte? ¿Puedes dar cinco diferentes usos del petróleo y de sus productos derivados?

EL PETRÓLEO: MUCHO MÁS QUE UN PRODUCTO DE EXPORTACIÓN

En español hay muchas **palabras semejantes** a las mismas palabras en tu idioma. El número te indica el párrafo donde se encuentra cada palabra. **Escríbelas, por favor**.

1 agr_____

    2 exp_____

4 indus_____ , mov_____

    5 legis_____ , apli_____

6 propie_____ , autor_____

Nota: También hay palabras que se parecen a palabras de tu idioma, pero cuyo significado es totalmente distinto. Así por ejemplo, la palabra **campo** en el párrafo **3** es el **opuesto** de **ciudad**.

1 En el año 1498, cuando los españoles llegaron al territorio que nosotros llamamos Venezuela, encontraron un país agrario con poca gente y sin una civilización avanzada. Así, durante cuatrocientos años Venezuela siguió siendo un país agrario con una población pequeña.

2 El descubrimiento del petróleo cambió[1] radicalmente la historia de Venezuela. Gracias a este descubrimiento, que ocurrió en el año 1914, Venezuela es uno de los países más ricos de Latinoamérica y uno de los mayores exportadores de petróleo del mundo. El petróleo ha transformado este país; ha cambiado la vida de cada venezolano y de cada venezolana; en resumen, ha hecho de Venezuela un país moderno.

---

[1] cambiar: *convertir, transformar*

3 ¿Dónde podemos observar estos cambios? En todo. Primero, en el notable movimiento del campo a la ciudad ilustrado en el siguiente cuadro:

	Ciudad	Campo
1936	29%	71%
1993	85%	15%

En Venezuela, la gente dejó la vida agraria para trabajar tanto en la industria del petróleo como también en las nuevas fábricas de las ciudades. Encontraron nuevos empleos y mejoraron[1] su nivel[2] de vida; ganaron más dinero, compraron pequeñas casas y educaron a sus hijos. En consecuencia, la clase media creció muy rápidamente.

4 El segundo cambio, la industrialización, fue un resultado directo del movimiento del campo a la ciudad. En los años '50 Venezuela vendió una gran cantidad de petróleo a causa de los problemas políticos en Oriente Medio[3]. Venezuela tenía tantos petrodólares que la industrialización fue muy rápida. Se crearon industrias de un día al otro; y, para trabajar en ellas se necesitó mucha gente. Podemos concluir que en Venezuela la industrialización fue radical y rápida.

5 En tercer lugar, el gobierno venezolano dio una serie de leyes importantes. El Programa Mínimo, como su nombre lo indica, prometió trabajo, casas para los pobres y legislación importante en educación, salud[4] y seguridad. Aunque la legislación era excelente, su aplicación resultó mediocre. Con todo, el gobierno construyó ciudades enteras, caminos nuevos y destinó mucho dinero a los nuevos hospitales, escuelas e industrias.

6 Finalmente, la explotación del petróleo cambió la jerarquía[5] política del país. Tradicionalmente, en América Latina son los propietarios de las tierras quienes tienen el poder político. En Venezuela, los propietarios de las tierras, amigos de gobiernos autoritarios, perdieron su influencia. ¿Por qué? Porque el petróleo era mucho más importante que la producción agrícola. Podemos decir que el desarrollo[6] económico venezolano permitió una reorganización social y una redistribución política muy positiva. Por esto podemos concluir que en Venezuela hay una relación entre el desarrollo económico y la democracia.

---

[1] mejorar: *hacer mejor*
[2] nivel: *situación más alta o baja*
[3] Oriente Medio: *Irak, Arabia Saudí, Irán, etc.*
[4] salud (f.): *opuesto de enfermedad*
[5] jerarquía (f.): *orden entre personas o cosas*
[6] desarrollo (m.): *crecimiento, aumento, incremento, progreso*

7 Hasta días recientes, Venezuela dependía enteramente de un producto, el petróleo, pero hoy existe una mayor variedad de industrias locales. A pesar de haber nuevas industrias, Venezuela vive bien cuando hay una crisis en Oriente Medio y cuando la demanda es alta y los precios del petróleo son altos. En cambio, cuando la demanda es baja y el precio es bajo, Venezuela vive mal.

8 ¿Qué pasará en 40 años cuando las reservas de petróleo se terminen? ¿Habrán desarrollado un número elevado de otras industrias? ¿Estará realizada la diversificación industrial? ¿Estará el país preparado para ser la primera potencia sudamericana del siglo XXI? El futuro no lo conocemos.

Comprensión del texto

Escoge una de las tres respuestas.

		Sí	No	El texto no lo indica
1.	El petróleo es decisivo en la vida política venezolana.	X	—	—
2.	Descubrieron el petróleo en el año 1936 cuando el 71% de los venezolanos vivía en el campo.	—	—	—
3.	El producto agrícola venezolano más importante después del petróleo es el café.	—	—	—
4.	Cuando los españoles llegaron a esta región, encontraron una civilización muy importante, la civilización incaica.	—	—	—
5.	El movimiento del campo a la ciudad ocurrió a causa de los propietarios arrogantes de las tierras.	—	—	—

2. Síntesis

Resume el texto sobre el petróleo en una sola oración.

_____

_____

Vocabulario

A. El prefijo RE

Completa el cuadro.

_____	reconstruir
instalar	_____
organizar	_____
presentar	_____
_____	reacción

Emplea las palabras arriba mencionadas.

Hay muchas formas de energía: energía nuclear o atómica, energía solar, gas natural, etc. ¿Podemos utilizarlas? ¿Puede la industria del automóvil _____ carros que funcionen a base de gas natural? ¿Podemos _____ otras formas de energía en nuestras casas? ¿Podemos _____ nuestra economía para utilizar nuevas formas de energía? Sí, todo es posible.

B. Los números ordinales

primero	segundo	tercero	cuarto	quinto
sexto	séptimo	octavo	noveno	décimo

Nota: los adjetivos masculinos singulares **primer** y **tercer** no tienen **O** final cuando van delante del sustantivo masculino singular.

Ejemplo: el primer país

Mira la tabla sobre la producción y el consumo en la próxima página y completa los espacios con los números ordinales.

1. Irán es el <u>se_____</u> país productor de petróleo del mundo.

2. Los estadounidenses son los _____ consumidores de petróleo del mundo.

3. Venezuela es el _____ país productor del mundo.

4. Los japoneses son los _____ consumidores del mundo.

5. Los canadienses son los _____ consumidores del mundo.

Consumo *(2001)*[1]
milliones de barriles por día

	2001	**% del mundo 2001**
Estados Unidos	19.633	26.1%
Japón	5.427	7.2%
China	5.041	6.7%
Alemania	2.804	3.7%
Rusia	2.456	3.3%
Corea del Sur	2.235	3.0%
India	2.072	2.8%
Francia	2.032	2.7%
Italia	1.946	2.6%
Canadá	1.941	2.6%

Producción diaria de petróleo crudo en los países miembros de la OPEP (Organización de Países Explortadores de Petróleo) 2000

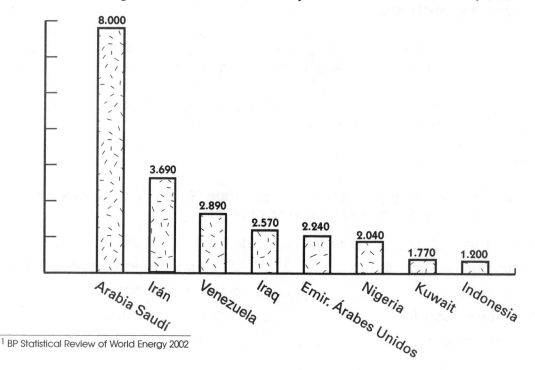

C. Ordena los fragmentos para hacer oraciones lógicas.

1.   a. ___ grandes reservas de gas natural
       b. ___ y una capacidad hidroeléctrica muy grande
       c. ___ Venezuela tiene mucho petróleo,

     2.   a. ___ si solucionan los problemas
          b. ___ de aluminio del mundo
          c. ___ políticos, Venezuela será el mayor exportador

3.   a. ___ Venezuela es un país muy grande pero
       b. ___ los venezolanos utilizan
       c. ___ solamente el 20% de su territorio

     4.   a. ___ solamente el 5% es para la agricultura
          b. ___ y el 15% para el ganado
          c. ___ de este 20%

5.   a. ___ un país muy rico en tierras y minerales
       b. ___ para el futuro, por ser
       c. ___ Venezuela tiene grandes posibilidades

Oral (en parejas)

Todos los productos abajo mencionados son productos derivados del petróleo.

A. Tu persona: ¿Llevas ropa hecha con productos sintéticos (<u>nailon, acrílicos</u>)? ¿Tienes <u>lentes de contacto</u> o <u>gafas</u>? Y tus zapatos, ¿tienen <u>suelas de goma</u>[1]?

B. Tus cosas: ¿Tienes una <u>pluma</u> para escribir? ¿Es de <u>plástico</u>? ¿Y tienes una <u>goma de borrar</u>[2]? ¿Cuántos productos de <u>plástico</u> tienes? ¿Tienes un <u>lápiz de labios</u>[3]?

C. Tu clase: ¿Hay <u>calefacción</u>[4]? ¿Es a base de petróleo? ¿Hay <u>pintura</u> en las paredes? ¿Hay <u>plástico</u> en las mesas, sillas, puertas? Alrededor de las instalaciones eléctricas, ¿hay <u>aislantes eléctricos</u>[5]?

Composición o debate

El gobierno ha decidido que de hoy en adelante, solamente se fabricarán vehículos que no causen contaminación.

¿Cuáles son las ventajas y las desventajas de esta nueva ley para individuos, para compañías, para gobiernos, para ti, tus padres y tus amigos?

---

[1] suelas de goma: *partes del zapato que tocan el suelo*
[2] goma de borrar (sinónimo: borrador): *lo que empleas para hacer desaparecer lo que escribes con un lápiz*
[3] lápiz de labios (sinónimo: carmín de labios): *lo que emplean las mujeres para colorear los labios*
[4] calefacción (f.): *acción y efecto de calentar un local*
[5] aislante eléctrico: *elemento para separar un conducto eléctrico*

Ricos y pobres

**Las concordancias dependen del género y del número de las palabras.
Completa los espacios con las concordancias.**

En Venezuela hay grand____ diferencias entre ric____ y pobr____. El
petróleo ha hecho muchos ric____. Hay venezolanos que viven muy bien. La
vida de estas person____ es fácil. Sus cas____ son cómod____ y bell____, sus
jardin____ están llenos de plant____ y flor____ tropicales. Sus hij____ van a
escuel____ privad____. Llevan ropa elegante, tienen coch____ para ir y venir y
pasan sus vacacion____ en Miami.

Sin embargo, también hay person____ muy pobr____. Como los pobr____
de América del Norte, estas person____ tienen vid____ difícil____ y dur____.
Sus cas____ son mal____ y muchas veces tod____ una famili____ vive en una
habitación. No tienen much____ ropa y a veces no comen bien. Pasan muchas
hor____ en autobuses, porque Caracas es una ciudad enorme y ellos trabajan
lejos de sus casas. En l____ escuelas de sus hijos, hay muchos niñ____ en una
clase. Y para l____ pobres no existen las vacacion____.

**Síntesis del texto anterior
Escribe una oración.**

_____

Vocabulario

Repaso

Femenino	Masculino
ciudad	cambio (cambiar)
construcción (construir)	
producción (producir)	
	descubrimiento (descubrir)

Vocabulario nuevo

energía	campo
instalación (instalar)	consumo (consumir)

los números ordinales:
primero(a) (primer)
segundo
tercero(a) (tercer)
cuarto
quinto
sexto
séptimo
octavo
noveno
décimo

Navegando por la Red
Para más información consulta:
(Nota: escribe primero el nombre del país)

1. **Productos:** gas natural, petróleo, kerosene, diesel, propane, gasol, benzine, vaseline, parafin
2. **Lugares:** Maracaibo, Apure-Barinas, Orinoco, Zulia, Tachira
3. **Central hidroeléctrica:** Guri
4. **Organizaciones:** OPEC, Petróleos de Venezuela (PDVSA)
5. **Productos derivados:** hierro, aluminio

Pre-lectura: ¿Fue tu país una colonia? ¿Fue una colonia de un país o de dos países?

SIMÓN BOLÍVAR: EL LIBERTADOR

Los antónimos están en el texto. Escríbelos, por favor.

1 destrucción _____ , prisionero li_____

3 posible _____ , bajan _____ ,

  calor _____ , triunfo der_____

4 norte _____

5 mejores _____

6 último _____

1 Simón Bolívar es la figura más importante en la historia de la independencia de los países sudamericanos. Este hombre de gran visión y genio dedicó su vida a la creación de una América del Sur libre[1] del dominio español. Hoy, más de 150 años después de la independencia de los países sudamericanos, Bolívar es una figura heróica, casi mítica. En realidad, Simón Bolívar no fue un superhombre; más bien fue una combinación de fuerza y debilidad, de demócrata y autoritario, de visión profética y fuerza militar.

2 Hijo de una familia aristocrática venezolana, Bolívar estudia primero en Venezuela y después en Europa, donde tendrán en él una influencia importante la independencia de los Estados Unidos, la revolución francesa y los grandes escritores enciclopedistas. Al terminar sus estudios vuelve a Venezuela, lleno de ideas republicanas y convencido de que la independencia es indispensable; no sólo la independencia de su propio país, Venezuela, sino la independencia de todo el continente sudamericano. Bolívar dirige el movimiento de liberación y en el año 1811, declara la independencia de Venezuela. Pero los españoles lo derrotan[2] y Bolívar sale al exilio, donde trabaja sin cesar para liberar su país.

---

[1] libre: *la libertad; El Libertador*
[2] derrotar: *opuesto de triunfar*

3 Seis años más tarde, el general colombiano Santander y Bolívar combinan sus fuerzas. Para liberar Nueva Granada (nombre colonial de Colombia), los ejércitos[1] toman una ruta que los españoles consideran imposible: atraviesan[2] los Llanos durante la época de lluvias, cruzando 10 ríos navegables; suben los Andes, donde pierden hombres a causa del frío y de la altura. Finalmente, el 7 de agosto de 1819, atacan a los españoles en la Batalla de Boyacá. La derrota de los españoles es un punto crítico en la historia de los países del norte de Sudamérica.

4 Bolívar libera Colombia en 1819, Venezuela y Ecuador en 1821 y es nombrado presidente de todos estos países. Solamente el Perú está todavía en manos de los españoles, pues mientras que Bolívar libera los países del norte, el general argentino José de San Martín hace lo mismo en los países del sur del continente. En el año 1824, los españoles son derrotados en el Perú y un año más tarde en el Alto Perú, que en honor a Bolívar cambia su nombre por el de 'Bolivia'.

5 La visión de Bolívar tiene elementos positivos como también negativos. Bolívar fue un gran admirador del sistema parlamentario británico, pero no de la monarquía británica. Pensó que era necesario tener un presidente de por vida. La idea de un gobierno fuerte con un presidente de por vida o un dictador militar, es uno de los peores elementos de la visión de Bolívar. Muchas de las repúblicas sudamericanas han sufrido las consecuencias de esta visión.

6 Otros elementos fueron más positivos, como por ejemplo la unión política y la cooperación internacional. Bolívar creó la Gran Colombia, unión de Venezuela, Colombia y Ecuador. Pero los intereses individuales llevaron a la guerra civil y terminaron con aquella unión. Bolívar también fue el primero en comprender la importancia de la cooperación internacional. Cien años antes de la creación de la Liga de las Naciones (predecesora de las Naciones Unidas) Bolívar organizó el Congreso de Panamá para implementar la solidaridad americana, la comprensión y la ayuda entre los países americanos.

7 Bolívar fue una figura autoritaria, una personalidad compleja. No aceptó ser nombrado rey. Tuvo un sobrenombre: El Libertador.

---

[1] ejército (m.): *fuerzas armadas*
[2] atravesar: *cruzar*

El año de la proclamación de la independencia de cada país está __subrayado__[1].

⊞ República de la Gran Colombia 1819-1830

Ruta de Bolívar

Venezuela
1811

Ecuador
1809

Colombia
1810

Perú
1821

Paraguay
1811

Bolivia
1825

Uruguay
1811

Ruta de San Martín

Chile
1810

Argentina
1816

Mira el mapa para responder a las siguientes preguntas.
Escribe V (verdad) o F (falso).

1. Bolívar avanzó hacia el norte y San Martín hacia el sur. _____

2. San Martín declaró la independencia de Chile en 1818. _____

3. Bolívar avanzó hasta Chile. _____

4. La República de la Gran Colombia fue la unión política de Venezuela, Colombia y Perú. _____

---
[1] En casi todos los casos la independencia real ocurre varios años después de la proclamación.

Comprensión del texto

Escoge la respuesta apropiada.

1. Simón Bolívar fue
____ a. un aristócrata español.
____ b. admirador de la monarquía española.
____ c. un hombre dedicado a la independencia de los países sudamericanos.

    2. Un elemento negativo de la visión de Bolívar fue:
    ____ a. cruzar los Llanos y muchos ríos navegables.
    ____ b. pensar que un presidente de por vida era necesario.
    ____ c. organizar la unión política de Venezuela, Ecuador y Colombia.

3. Un elemento positivo de la visión de Bolívar fue:
____ a. comprender la importancia de la cooperación internacional.
____ b. ser presidente de muchos países.
____ c. ser un superhombre, una figura mítica.

    4. Nueva Granada fue
    ____ a. la unión política de Venezuela, Colombia y Ecuador (1819-1830).
    ____ b. el nombre del Alto Perú, antes de cambiar su nombre en honor a Bolívar.
    ____ c. el nombre colonial de Colombia durante los años de dominio español.

Vocabulario

A. El prefijo IM indica una negación.

Completa el cuadro.

posible	<u>imposible</u>
perfecto	_____
personal	_____
_____	impopular
_____	impreciso
probable	_____
_____	impenetrable

Utiliza las palabras que están en la página anterior.

     Muchos sudamericanos tienen gran admiración por Bolívar, pues hasta nuestros días él es muy _____ , sus hazañas[1] conocidas por todos. Hoy, como lo fue en su propia época, su vida privada, _____ , es un libro abierto. Durante su vida, fue _____ ocultar[2] sus aventuras románticas. La pasión de su vida fue la bella Manuela Sáenz, quien acompañó a Bolívar en muchas de sus campañas.

     Sin embargo, durante su vida Bolívar también tuvo muchos enemigos. Es muy _____ que en dos ocasiones en que trataron de asesinar a Bolívar, fuera Manuela quien le salvara la vida.

B. Los sufijos OR, DOR y TOR forman sustantivos.

Por favor completa los espacios.

El que **vende** es un _____.

El que **explora** es un _____.

El que **compra** es un _____.

El que **gobierna** es un _____ber_____.

Y el que **libera** a los países americanos es El_____.

El que **inventa** es un _____.

El que **cura** a los enfermos es un _____.

Y el que **enseña** español es el _____.

Utiliza dos de las palabras arriba mencionadas:

     Simón Bolívar fue El _____ de los países del norte de Sudamérica. Pero en el sur del continente fue el General José de San Martín quien _____ a los países del dominio español.

---

[1] hazaña: *acción que ha requerido mucho valor o esfuerzo*
[2] ocultar: *tener (guardar) en secreto*

Oral

A. ¿Los sudamericanos tienen respeto y devoción por Bolívar? Sí.

1. En todos los países sudamericanos, hay parques, calles, avenidas, plazas, teatros, cines y compañías que se llaman B_____.

2. La unidad monetaria de Venezuela se llama el _____ y evidentemente tiene la cara de _____.

3. La unidad monetaria de Bolivia se llama el _____ iano.

4. Venezuela se divide en 20 estados. Él más grande se llama B_____ y su capital es Ciudad B_____.

5. Colombia se divide en 22 departamentos. Cartagena, ciudad en el Mar Caribe, es la capital del departamento de B_____.

6. El Ecuador se divide en 19 provincias. La provincia de B_____ está en el centro-norte del país.

7. Hay dos montañas que se llaman _____, una en Colombia y otra en Venezuela.

8. Y el nombre de un país sudamericano honra a Bolívar. Este país se llama _____.

Oral (en parejas, naturalmente)

B. ¿Quién es el equivalente estadounidense de Simón Bolívar?

1. Indica un estado que lleva su nombre.
2. Indica una ciudad que lleva su nombre.
3. ¿Es importante esta ciudad?
4. Donde tú vives, ¿hay una plaza o una calle que lleva su nombre?
5. ¿Tienen los estadounidenses respeto y devoción por este hombre?
6. ¿Hay mitos y leyendas sobre él?
7. ¿Se habla de los aspectos negativos de su vida o sólo sobre los positivos?

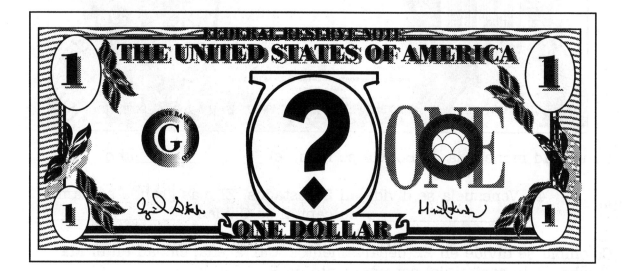

Composición
Con la información que encuentres en una enciclopedia, escribe sobre:

1. Un héroe o una heroína nacional
2. José de San Martín
3. Antonio José de Sucre

José de San Martín: un héroe argentino

Escribe los verbos en pretérito.

¿Qué (motivar) _____ a San Martín, un oficial español de padres españoles, a simpatizar con la causa independentista? Hay varias teorías. Hay historiadores que dicen que la ocupación de España por Napoleón (ser) _____ una causa. Otros opinan que San Martín (ser) _____ un simpatizante del sistema británico, y aun otros que (responder) _____ cuando sus compatriotas argentinos lo (llamar) _____.

El cuarto argumento es que San Martín (ser) _____ un criollo. ¿Qué es un criollo? Es un blanco que nace[1] en las colonias o, como San Martín, un hijo de padres españoles que nace en el Nuevo Mundo. Siempre (haber) _____ prejuicios contra los españoles nacidos en las Américas, los llamados "criollos". Los cargos[2] importantes (ser) _____ reservados para los "peninsulares", aquellos españoles que habían nacido en la península Ibérica. San Martín (sufrir) _____ al igual que todos los otros criollos y ésta puede ser otra razón por la cual se (identificar) _____ con los criollos revolucionarios. Pero es una simplificación decir que San Martín (simpatizar) _____ con la independencia por una sola razón. Su decisión de luchar por la causa independentista seguramente (ser) _____ una combinación de muchos factores.

San Martín (ser) _____ un gran organizador, un general que (poder) _____ inspirar a sus hombres. Con él, ellos (cruzar) _____ los Andes, (subir) _____ a elevaciones de tres y cuatro mil metros en una expedición extraordinaria. La culminación de esta expedición (ser) _____ la independencia de Chile.

Síntesis

_____

_____

---

[1] nacer: *venir al mundo*
[2] cargo (m.): *empleo, puesto*

Vocabulario

Vocabulario nuevo

Femenino	Masculino
autoridad	autoritario(a) (f. y m.)
debilidad	triunfo (triunfar)
demócrata (f. y m.)	
derrota (derrotar)	
figura	
fuerza	
historia	
independencia (independizar)	
libertad (liberar) (libre)	

Navegando por la Red
Para más información consulta:
(Nota: escribe primero el nombre del país)

1. **Política:** Francisco de Miranda, General José Antonio Páez, Juan Vicente Gómez, Isaías Medina Angarita, Marcos Pérez Jiménez, Carlos Andrés Pérez, Rafael Caldera

2. **Batalles:** Boyacá, Carabobo, Puerto Cabello

3. **Grupos indígenas:** carib, arawak, yanomani, bari, wayuu

4. **Ciudad:** Ciudad Bolívar

5. **Periódicos:** El Universal, El Nacional, Diario del Lago, Diario la Hora, The Daily Journal, El Venezolano, 2001, Meridiano, newspapers Venezuela; revistas: Número, Resumen

NOTA CULTURAL

¿Qué piensa el latinoamericano del norteamericano?

En todos los países latinoamericanos, se pueden ver programas de televisión y vídeos musicales de los grandes artistas norteamericanos; hay películas norteamericanas en los cines; se pueden escuchar canciones en inglés en la radio y finalmente es posible alquilar películas para verlas en casa. Es decir, las imágenes que tiene el latinoamericano del norteamericano provienen de todos los medios de comunicación: la televisión, el cine y, naturalmente, la música popular, tanto en vídeo como en casete. Muchas de las películas muestran a norteamericanos que tienen mucho dinero, que llevan ropa elegante y viven en casas muy modernas. En muchas otras la violencia forma parte integral de la película, pues los protagonistas llevan pistolas y presentan imágenes estereotipadas.

Los Estados Unidos son el país más poderoso del mundo y muchos latinoamericanos no son grandes amigos de los Estados Unidos. Ven en los Estados Unidos un poder enorme, poderío militar, potencia económica, capacidad industrial. Ellos comparan a su país con los Estados Unidos de la televisión y del cine, y en esta comparación su país es muy pobre.

Cuando visites Latinoamérica, algunos latinoamericanos pensarán que también eres millonario. Sobre todo si eres el primer 'norteamericano' o la primera 'norteamericana' que ellos conocen, tú personificarás el norte. Lo que tú digas, la forma en que actúes, la manera en que te comportes, personificarán a tu país. Recuérdalo siempre.

Algunos consejos para el turista

1. Sé cortés.
2. Acepta las diferencias culturales.
3. No critiques a la gente.
4. No compares sin cesar tu país con un país más pobre.
5. Busca lo positivo.
6. No mires solamente los elementos exteriores, examina las cualidades de la gente.

Pre-lectura: ¿Te gusta leer? ¿Te gustan las novelas? ¿Sabes los nombres de algunos autores latinoamericanos? ¿Has leído autores latinoamericanos?

GABRIEL GARCÍA MÁRQUEZ, ESCRITOR COLOMBIANO: PREMIO NOBEL DE LITERATURA, 1982

En español hay muchas **palabras semejantes** a las mismas palabras en tu idioma. El número te indica el párrafo donde se encuentra cada palabra. **Escríbelas, por favor**.

1 fant_____co

    2 cos_____

3 pop_____ , prov_____ , aban_____

    4 prot_____ , inter_____

5 estruc_____

¿Comprendes estas tres palabras? Compáralas con tu propio idioma.

      1 t-ema   **2** ap-arece   **2** deta-lle

1 Uno de los más grandes autores latinoamericanos es Gabriel García Márquez. Es el autor de muchas novelas, entre las cuales *Cien años de soledad* (1967) es considerada como la más importante. En esta novela García Márquez describe la historia de la familia Buendía (buen día) y del pueblo imaginario de Macondo. García Márquez utiliza la fantasía y el humor, combinando elementos del presente y del pasado, y así creando un mundo[1] fantástico. *Cien años de soledad* es un libro donde los temas son reales, pero también son mágicos. Llamamos a esta literatura 'realismo mágico'.

---

[1] mundo (m.): *universo*

2 Macondo, el pueblo mítico creado por García Márquez, representa su visión de Colombia y aparece en muchas de sus novelas. Hay muchísimos detalles auténticos sobre la costa norte: la lluvia del invierno, el terrible calor del verano, la forma de nacer, de vivir y de morir de su gente. Es decir, García Márquez describe la geografía de Macondo, pero sobre todo, a su gente. Los críticos dicen que Macondo representa el pueblo del autor, Aracataca, en la costa norte del país.

3 García Márquez no se limita a descripciones de la costa colombiana. En *El general en su laberinto* (1989), cuenta la historia de los últimos meses de vida de Simón Bolívar. El general se encuentra al final de sus días, enfermo, sin empleo, pobre y sin popularidad. El libro describe su último viaje, desde Bogotá hasta la costa. Pero ésta no es la ciudad moderna, sino la capital en el año 1830. En aquella época, Bogotá era pequeña, tradicional y provinciana. El libro termina en la ciudad costeña de Santa Marta donde muere el general, solo y abandonado.

4 El río más importante de Colombia es el río Magdalena, que García Márquez describe con muchos detalles en *El amor en los tiempos del cólera* (1985). Los protagonistas de esta novela, Fermina Daza y Florentino Ariza, terminan su romance en un interminable viaje por el río Magdalena. Ellos forman una pareja[1] muy original, pues ya tienen casi ochenta años. Florentino ha esperado a Fermina durante 51 años, 9 meses y 4 días.

5 Los libros de García Márquez han sido traducidos al inglés, al francés, al alemán, como también al japonés y a muchos otros idiomas. Puedes leerlos en tu propio idioma, porque en español el vocabulario y la estructura de las frases son difíciles. Naturalmente, sobre algunos de los libros, también hay películas.

6 Destacan[2] en su producción literaria los libros arriba mencionados y:

El coronel no tiene quien le escriba (1958)

Los funerales de Mamá Grande (1962)

La increíble y triste historia de la cándida Eréndira y de su abuela desalmada (1972)

El otoño del patriarca (1975)

---

[1] pareja (f.): *par de personas; conjunto de dos personas*
[2] destacar: *ser notable*

Comprensión del texto

A. Emplea el texto para completar el mapa y las letras en el mapa para la identificación.

1. **A** El río más importante de Colombia, río que García Márquez describe en *El amor en los tiempos del cólera,* es el río _____.

2. **B** Bogotá es la _____ de Colombia.

3. **C** _____ es el nombre del pueblo mítico inventado por García Márquez.

Vocabulario

B. La terminación DAD
   Completa el cuadro.

Adjetivos	Sustantivos
serio	la seriedad
solo	la sole_____
vario	___ _____e_____
popular	la _____i_____
oportuno	___ _____i_____
_____	la especialidad

Emplea las palabras de la página anterior (B.).

1. Los libros de García Márquez se venden muy bien porque él es un autor muy

_____.

2. Su _____ literaria es el realismo mágico.

3. Hay una gran _____ de personajes en sus libros, jóvenes y viejos, buenos y malos, sofisticados e ignorantes, pobres y ricos.

4. García Márquez ha tenido muchas _____ para hacer una película sobre su obra más importante, ***Cien años de*** _____ pero todavía no se ha decidido.

Oral La novela

1. Indica el nombre de una novela que has leído.
2. ¿Qué tipo de novela es: histórica, romántica, ciencia ficción, fantástica?
3. ¿Cómo se llama el personaje principal?
4. ¿En qué país ocurre la acción?
5. ¿Hay descripciones geográficas? Indica detalles, por favor.
6. ¿Son aburridas o interesantes las descripciones geográficas?

Composición

Describe un libro: su tema central, sus personajes principales, su lenguaje y otros detalles característicos. Analiza los elementos positivos y los negativos del libro.

Las concordancias
Recuerda.

el libro	basad**o**
la literatura	basad**a**
los artículos	basado**s**

Completa los espacios.

El sábado 8 de diciembre de 1990, el escritor mexicano Octavio Paz, en su conferencia Nobel, habló sobre la literatura en las Américas. Señaló que las literaturas en las Américas en francés, español e inglés son literaturas basad____ en lenguas trasplantad____, adaptad____ a una realidad americana. Octavio Paz explicó que los autores en las Américas continúan su relación con los clásicos, leen a Molière, a Cervantes y a Shakespeare.

Continuó así[1]:

Ordena las frases de Octavio Paz.

1. ___ a. "no sólo una geografía"
   ___ b. "sino[2] una historia"
   ___ c. "los españoles encontraron en México"

   2. ___ a. "pero no soy español"
      ___ b. "mis clásicos son de mi lengua"
      ___ c. "y me siento descendiente de Lope y Quevedo[3]"

---

[1] Paz, Octavio, 'La búsqueda del presente.' Extracto del discurso. El País, Cultura, 9 diciembre, 1990, pp.24-25.
[2] sino: *pero*
[3] Lope y Quevedo: *autores españoles*

Cartagena

Escribe los verbos en pretérito.

Durante la época colonial los españoles (enviar) _____ muchos productos americanos a España. Los más importantes fueron los minerales preciosos de las minas peruanas y bolivianas, transportados por tierra desde el Perú hasta Colombia. Desde la costa norte de Colombia, donde estaba el gran puerto de Cartagena, el viaje continuaba en barco. A causa de los piratas, había que defender Cartagena; había que construir excelentes defensas.

Cuando los españoles encontraron una península protegida por las aguas del Caribe y la Bahía de Cartagena, (construir) _____ el puerto principal. (Hacer) _____ una serie de fortalezas unidas por grandes murallas[1]. Y dentro de las murallas (construir) _____ la ciudad de Cartagena. Esta ciudad, como las ciudades amuralladas europeas, tiene calles muy estrechas y una arquitectura muy original.

Muchos piratas (atacar) _____ Cartagena. Uno de ellos (ser) _____ Sir Francis Drake, quien en 1586 (penetrar) _____ las murallas, (entrar) _____ en la ciudad y (robar) _____ a los españoles.

Hoy día, la ciudad amurallada, llamada Antigua Cartagena, es sólo una parte de la ciudad. Otra parte interesante se llama Mangas. Allí están las residencias de la aristocracia colombiana del siglo XIX que García Márquez describe tan bien en **El amor en los tiempos del cólera.**

Gabriel García Márquez

El amor en los tiempos del cólera

Bruguera

Síntesis del texto sobre Cartagena
Escribe una oración completa.

_____

_____

[1] muralla (f.): *pared alta y gruesa que, con pocas puertas; rodeaba antiguamente las ciudades o parte de ellas*

Mario Vargas Llosa

Emplea.

| el | la | los | las | del | al |

_____ tierras _____ Oriente colombiano ocupan dos tercios (2/3) _____ territorio pero tienen muy poca gente. Solamente el 4% de _____ colombianos vive allí. _____ Oriente tiene una densa vegetación tropical y muchos ríos que en su mayoría, salen _____ río Amazonas.

García Márquez no habla de esta región, pero un escritor peruano, Mario Vargas Llosa lo hace. Vargas Llosa no describe _____ Oriente colombiano, él describe _____ Amazonía peruana, región que se encuentra directamente _____ sur _____ Oriente colombiano.

En **Pantaleón y las visitadoras** (1973) Vargas Llosa describe _____ ciudad de Iquitos, ciudad amazónica donde empieza _____ río Amazonas. En esta novela humorística, Pantaleón, un oficial _____ ejército peruano, tiene una misión secreta: tiene que organizar a _____ prostitutas de _____ región. En otra novela, **El hablador** (1987), Vargas Llosa describe una tribu amazónica. _____ detalles sobre esta tribu son exactos. Ser hablador de esta tribu es ocupar un papel tradicional, ser _____ persona que recuerda _____ historia de _____ tribu y _____ repite. Pero _____ hablador de Vargas Llosa es un nuevo miembro, un individuo muy original.

Vocabulario

Repaso

	Femenino	Masculino
		autor(a) (f. y m.)
		escritor(a) (f. y m.)
		personaje

Vocabulario nuevo

descripción (describir)	cuento	
estructura	humor	
fantasía	mundo	
novela	poema	
oportunidad		serio
popularidad		solo
protagonista (f. y m.)		
soledad		

Navegando por la Red
Para más información consulta:

1. **Época colonial:** Sor Juana Inés de la Cruz,
   El Inca Garcilaso de la Vega
2. **Siglo XIX:** Juan Domingo Sarmiento, José Hernández,
   Ricardo Palma, Rubén Darío, José Martí
3. **Siglo XX:** Marino Azuela, César Vallejo, Pablo Neruda,
   Nicolás Guillén, Jorge Luis Borges, Julio Cortázar, Juan Rulfo, Gabriel García Márquez,
   Alejo Carpentier, Mario Vargas Llosa
4. **Periódicos:** El Tiempo, El Espectador, La República, newspapers Colombia; revista: Semana

Pre-lectura: Donde tú vives, ¿hay un problema de drogas? ¿Para quién es un problema? ¿Hay personas que ganan mucho dinero con el tráfico de drogas? ¿De dónde son estas personas? ¿Cuál es la intoxicación más popular?

LA COCAÍNA: PROBLEMA DE NUESTROS DÍAS

Escribe las palabras semejantes.

2 camuf _____

3 bene _____ , pro _____ , consu _____ , lucr _____

5 funda _____

6 viol _____ , hone _____

¿Comprendes la palabra <u>desafiar</u> en el párrafo tres?

1 ¿Cómo se prepara la cocaína? La cocaína se hace con las hojas[1] de la planta que llaman 'coca'. Como cada hoja contiene solamente 1% de cocaína, se necesitan muchas. Con las hojas se hace la pasta de coca. Luego, en laboratorios, refinan la pasta hasta obtener un polvo[2].

2 ¿Dónde crece[3] la planta y dónde están los laboratorios? El 90% de las plantas crece en Perú y Bolivia y muchos de los laboratorios están en Colombia. La planta crece en la región semitropical entre los Andes y la Amazonía. De allí la cocaína, en forma de pasta, se transporta a Colombia. El transporte se hace en pequeños aviones que pasan fácilmente entre los países. En esta región, hay pocos habitantes y la vegetación amazónica camufla tanto los aeropuertos como los laboratorios.

---

[1] hoja (f.): *parte de la planta, generalmente de color verde*
[2] polvo (m.): *partículas sólidas pequeñísimas; sustancia pulverizada*
[3] crecer: *aumentar; hacer más grande*

3 ¿Quiénes se benefician del tráfico de la cocaína? Se benefician económicamente ciertas personas de los países productores y de los países consumidores. El primero en beneficiarse es el pequeño agricultor que decide plantar coca porque por ella recibe más dinero que por plantas tradicionales como el maíz o el café. Este pequeño agricultor decide desafiar la ley[1] porque es pobre y la coca es diez veces más lucrativa que las cosechas legales. Él es el único que no forma parte de una organización criminal. Todas las otras personas, las que la transportan, refinan, venden, todos los narcotraficantes son miembros de organizaciones criminales o 'mafias'. Todos ellos se benefician del tráfico de la droga y algunos ganan sumas fabulosas.

4 ¿Quiénes son los responsables? Algunos dicen que son culpables los que producen la sustancia, otros que son culpables los que la consumen. Colombia proporciona 4/5 de la producción mundial de cocaína y los Estados Unidos consumen 4/5 de esta producción mundial. Entonces ¿los responsables principales son los que están en Colombia y en los Estados Unidos?

5 ¿Es posible analizar la droga como un problema económico? Sí. La droga se vende muy bien. La cocaína es un producto que tiene muchos compradores, quienes pagan precios altísimos. El problema fundamental es que, si hay demanda, habrá oferta[2].

6 ¿Y qué ocurre en Colombia? La cocaína ha cambiado al país. No sólo en ciudades como Medellín y Cali los 'narcos' tienen un gran poder, sino en todo el país; ello ha aumentado la violencia y la corrupción y ha disminuido la honestidad. La cocaína ha creado dos economías paralelas; la economía legal y la otra, ilegal.

---

[1] ley (f.): *disposiciones legales*
[2] oferta (m.): *del verbo* <u>ofrecer</u> *opuesto de* 'demanda'

7 ¿Hay soluciones? Actualmente, no. Si hay consumidores, habrá productores. No podrá solucionarse el problema mientras los pequeños productores del Tercer Mundo ganen diez veces más con la coca que con la agricultura tradicional. No podrá solucionarse el problema de la droga mientras entre los productores y los consumidores haya organizaciones criminales. Como es muy fácil ganar tanto dinero, continuará la corrupción de políticos, policías y del sistema judicial.

¿Cómo es la región donde crece la coca? Describe la foto.

_____

_____

_____

_____

_____

Comprensión del texto
A. Completa los espacios.

1. Dos países donde crece la coca son
   _____ y _____.

2. Al oeste de la región productora hay
   montañas muy altas que se llaman
   l___ _____.

3. Al este de la región productora hay una
   región tropical donde hay muchos árboles.
   La región se llama l__ _____ a
   causa del río más grande de América del
   Sur, el río _____.

4. Este río cruza, de oeste a este, el país más
   grande de Sudamérica. Este país se llama
   _____.

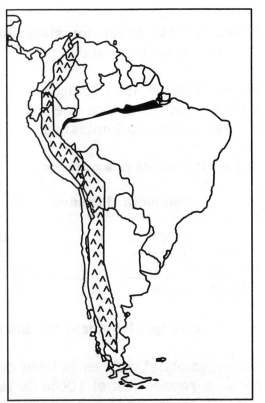

B. La idea principal
   **¿Cuál es la idea principal de los siguientes
   párrafos?**

1. La idea principal del párrafo **3** es que
   ____ a. solamente se benefician ciertas personas en los países productores.
   ____ b. solamente se benefician ciertas personas en los países consumidores.
   ____ c. se benefician ciertas personas en los países productores y en los países
          consumidores.
2. La idea principal del párrafo **4** es que son responsables
   ____ a. los consumidores porque ellos pagan sumas fabulosas.
   ____ b. las personas que participan en esta industria.
   ____ c. los productores, porque primero plantan y luego venden la coca.
3. La idea principal del párrafo **6** es que la cocaína
   ____ a. ha creado dos economías paralelas.
   ____ b. ha transformado el país.
   ____ c. ha disminuido la honestidad y aumentado la violencia.
4. La idea principal del párrafo **7** es que no hay solución al problema de la droga porque
   ____ a. el Tercer Mundo continúa la producción de coca, marihuana y otras drogas.
   ____ b. hay organizaciones criminales que están implicadas.
   ____ c. los productores y los consumidores tienen gran interés en continuar el
          tráfico de la droga.

Vocabulario

A. El superlativo absoluto: ísima, ísimo, ísimas, ísimos
Ejemplo: grande: grandísimo

En los últimos años (mucho) _____ colombianos inocentes
han muerto. Entre los que más han sufrido están muchos periodistas y
muchos jueces[1] colombianos.

B. El prefijo I indica una negación.

Completa el cuadro.

lógico	ilógico
limitado	_____
_____	ilegal
legible	_____

Completa los espacios abajo con las palabras arriba mencionadas.

En Colombia el café es la base de la economía _____ y la
cocaína representa el 100% de las exportaciones _____ de este
país. Nosotros podemos comprar estos dos productos colombianos. Un kilo
de café cuesta 10 dólares y un kilo de cocaína cuesta 50.000 dólares. No
es _____ .

C. Completa el cuadro.

Verbos	**Sustantivos**
relacionar	la relación
	la solución
_____	
participar	____ _____
organizar	____ _____
_____	la educación
_____	la exportación
Pero: transportar	el transporte

---

[1] juez (m.): *persona investida de autoridad para juzgar, sentenciar y aplicar las leyes*

Una familia colombiana

Emplea las palabras mencionadas en la página anterior. (C)

La _____ entre el narcotráfico y los colombianos:

1. Tomemos por ejemplo a los Espinoza, una familia colombiana que no _____ en el narcotráfico.

2. El señor Espinoza, empleado de una compañía de _____ de café llega tarde a la oficina. ¿Por qué? Porque la policía ha tardado hora y media para revisar a todos los pasajeros del autobús donde viajaba.

3. La señora Espinoza es experta en _____ secundaria y es profesora en la universidad. Cuando va a su oficina, no lleva ni reloj ni lentes. En la calle ella siempre está atenta, atentísima.

4. Por la tarde, cuando el hijo mayor de los Espinoza sale de la escuela, le ofrecen un televisor para _____ un kilo de cocaína de una casa a un hotel.

5. Delante de la misma escuela dos mafiosos, miembros de una _____ criminal, tratan de vender cocaína al hijo menor y a sus amigos.

6. ¿Cómo vamos a encontrar una _____ a este grave problema?

Oral (en parejas)
La droga en tu comunidad

1. ¿Hay muchos drogadictos en tu comunidad?
2. ¿Viven en una parte específica de la ciudad, o hay drogadictos en todas partes?
3. ¿Hay un lugar en la ciudad donde la venta de la droga sea fácil?
4. ¿Qué caracteriza al lugar donde es fácil la venta de la droga?
5. ¿Adónde pueden ir los drogadictos para obtener una cura?
6. Describe con detalle a un joven drogadicto, uno de la vida real, u otro de la televisión o imaginario. ¿Qué efectos ha tenido la droga en su vida social, emocional, cultural y en su educación?
7. En el año 1933, los Estados Unidos legalizaron la venta de bebidas alcohólicas. ¿Piensas que en el próximo milenio todos los países del mundo deberían legalizar la cocaína? ¿Por qué?

El fútbol y la cocaína

Escribe los verbos en pretérito perfecto.

En Colombia los jefes de las mafias no sólo venden drogas. Ellos tienen todo tipo de negocios: supermercados, estaciones de radio y zoológicos. También (construir) _____ _____ estadios, escuelas, hospitales y casas; (invertir) _____ _____ su dinero en bancos, edificios y ejércitos privados.

Sus inversiones en el fútbol son un ejemplo de su influencia. En el pasado, los equipos colombianos de fútbol eran pobres y no podían pagar a las grandes estrellas del fútbol. Pero en los años '70 todo cambió. Desde entonces[1], los jefes de las mafias (controlar) _____ _____ más o menos la mitad (1/2) de los equipos de la Liga Nacional, la liga profesional más importante de Colombia. Los mejores jugadores latinoamericanos (ir) _____ _____ a Colombia y, gracias al dinero de los narcotraficantes, la calidad del fútbol (mejorar) _____ _____ y los espectadores (venir) _____ _____ en gran número. A los espectadores les interesa el juego y no les interesa quien paga el salario de los jugadores.

Oficialmente los equipos dicen que los narcotraficantes no participan. La verdad es que, para los narcos, ser propietario de un equipo de fútbol es muy atractivo. Los pobres del país los admiran y además, ellos pueden blanquear[2] su dinero pagando a las estrellas del fútbol.

Síntesis
Escribe una oración sobre la relación entre el fútbol y la cocaína.

_____

_____

Composición o debate

Posición A. Yo pienso que se debe legalizar la cocaína, la marijuana, el opio, etc. Da las razones **en pro**.

Posición B. Yo pienso que no se deben legalizar las drogas. Da las razones **en contra**.

---

[1] desde entonces: *expresión que sirve para expresar el tiempo en que empieza a realizarse la acción*
[2] blanquear: *poner blanco, lavar*

Vocabulario

Repaso

	Femenino	Masculino	Verbos
	compra (comprar)	beneficio (beneficiar)	
	solución (solucionar)	productor (producir)	
		transporte (transportar)	
			recibir

Vocabulario nuevo

	agricultura	agricultor	
	cocaína	consumidor(a) (f. y m.)	
	hoja		aumentar
	participación (participar)		disminuir
	planta (plantar)		
	venta (vender)		

Navegando por la Red

Para más información consulta:
(Nota: escribe primero el nombre del país)

1. **Cartel:** Cali, Medellín, Pablo Escobar
2. **Grupos:** ELN, FARC, M-19
3. **Política:** Luis Carlos Galán, Bernardo Jaramillo, La Violencia, Derechos humanos (Human rights), Latin American Travel Advisor
4. **Presidentes:** Virgilio Barco, César Gaviria, Ernesto Samper
5. **Lectura:** Gabriel García Márquez *Noticia de un secuestro*, 1996

Pre-lectura: ¿Por qué hay perros muy pequeños y otros perros muy grandes? ¿Por qué hay perros que trabajan y otros que se dan la buena vida? ¿Por qué hay blancos, negros, marrones y otros de una combinación de estos colores? ¿Por qué hay perros a quienes les gusta el agua y otros que detestan el agua?

LAS ISLAS GALÁPAGOS, ISLAS EXTRAORDINARIAS

Encuentra los sinónimos de las siguientes palabras.

1 flora _____ , fauna _____ , distintos _____

    2 ayudaron _____ , Padre Eterno _____

3 observó _____

    4 del agua _____

5 saben _____ ,

    andar _____

¿Comprendes la palabra <u>tortuga</u> en el párrafo **3**?

1 Las Islas Galápagos, a 970 kilómetros al oeste del Ecuador, son interesantes por su flora y su fauna. Las plantas y los animales que viven en estas islas son diferentes de los animales de la misma especie que viven en el continente americano.

2 Son estas diferencias las que el famoso naturalista inglés Charles Darwin vio y analizó cuando visitó las islas en el año 1835. Los animales y las plantas que él estudió en las Islas Galápagos contribuyeron a establecer la teoría de la evolución. ¿Qué afirma esta teoría? Da por cierto que los animales y las plantas no son una creación de Dios, como dice la Biblia, sino parte de una evolución continua.

3 ¿Por qué fue importante la visita de Darwin a las Islas Galápagos? Porque fue allí donde Darwin vio especies que se habían desarrollado[1] diferentemente, lo cual le hizo pensar en el porqué de estas diferencias. Varios años después, Darwin explicó que en las Islas Galápagos los animales y las plantas se habían adaptado a condiciones locales y consecuentemente habían desarrollado

---
[1] desarrollar: *crecer; aumentar en tamaño*

características diferentes. En las Islas Galápagos, los animales tienen características diferentes de los mismos animales del continente americano, y también existen diferencias entre los animales de una isla a otra. Darwin dedujo que en el mundo natural hay mucha especialización, con mucha adaptación. Él tomó como ejemplo a las tortugas de las diferentes islas. Las que viven en islas donde hay suficiente agua y en consecuencia suficiente vegetación tienen cuellos[1] cortos pues la vegetación es fácilmente accesible. En cambio, las que viven en islas donde hay poca agua tienen unos cuellos largos que les permiten llegar hasta las hojas[2] altas de los árboles y cactos.

4 Hoy las Islas Galápagos son un parque nacional del Ecuador. Muchos turistas visitan las 6 islas grandes, otras 12 más pequeñas y las 40 menores que forman el archipiélago de los Galápagos. Los turistas pueden admirar las tortugas gigantes, las iguanas acuáticas, únicas en el mundo, las iguanas terrestres, los albatroses, las focas[3] y cientos de otros animales y plantas.

5 Todos estos animales tienen una característica muy especial: los animales de las Islas Galápagos no conocen el miedo[4] al hombre, instinto natural y espontáneo de todos los otros animales del mundo. Por esta razón, los turistas pueden nadar entre las focas, caminar entre las iguanas y tocar las tortugas gigantes. Es una experiencia única.

Estos animales se llaman _____.

[1] cuello (m.): *parte del cuerpo entre la cabeza y el tronco*
[2] hoja (f.): *parte de la planta, generalmente de color verde*
[3] foca (f.): *mamífero marino de color gris*
[4] miedo (m.): *aprensión; perturbación por un mal que amenaza*

Los pingüinos de las Islas Galápagos

¿Con acento o sin acento?

Con: pronombres

él
tú
mí
éste
ése
aquél

Sin: artículos y adjetivos posesivos
                o demostrativos

el (animal)
tu (perro)
mi (tortuga)
este (turista)
ese (parque)
aquel (continente)

Decide.

Uno de los animales que vive en las Islas Galápagos es **(el / él)** pingüino. **(Este / Éste)** animal es un pájaro, famoso por tener la parte delantera blanca y la trasera negra. **(El / Él)** pingüino de los Galápagos es **(el / él)** único que vive en un clima semitropical, pues todos los otros pingüinos viven en climas muy fríos, como por ejemplo en la zona del Antártico.

¿Cuál es la característica principal del pingüino? **(Este / Éste)** no vuela[1]. **(El / Él)** camina con dificultad y nada con gran agilidad. **(El / Él)** no tiene brazos, sino alas. Las alas del pingüino están perfectamente adaptadas al agua y **(el / él)** puede nadar muy rápido. **(Este / Éste)** animal se distingue de los otros pájaros porque emplea sus alas para nadar y no para volar.

(Tu / Tú) puedes ver pingüinos en el zoológico y naturalmente también puedes ir a las Islas Galápagos o hasta el Antártico para verlos.

Comprensión del texto

A. Escribe V (verdad) o F (falso).

1. Hay 40 Islas Galápagos. _____

2. Estas islas son colombianas.   _____

3. Las Islas Galápagos son un parque nacional. _____

4. Charles Darwin era ecuatoriano. _____

---

[1] volar: *moverse por el aire*

B. Responde con oraciones completas.

1. ¿Qué caracteriza a los animales que viven en las Islas Galápagos?

_____

_____

2. ¿Cómo se llama uno de los animales que existe solamente en estas islas?

_____

_____

3. ¿Por qué fue influyente Charles Darwin?

_____

_____

4. ¿Por qué hay tantos turistas en las Islas Galápagos?

_____

_____

C. Síntesis

Resume el texto en una sola oración.

_____

_____

Las partes del cuerpo

A. Vocabulario

Identifica las partes del niño y de la vaca con flechas

Humano   **Animal**

cabeza   cabeza
cuello   cuerno
mano   pata
pie   pierna
pierna   cola
brazo   ojo

Encuentra el significado de estas expresiones

Cabeza:

1. ___ hombre de gran cabeza   a. padre
2. ___ cabeza de familia   b. talento, inteligencia
3. ___ a la cabeza   c. jefe
4. ___ cabeza de un partido político d. delante

Manos:

1. ___ de segunda mano   a. usado
2. ___ ser la mano derecha de una   b. en gran abundancia
       persona
3. ___ pedir la mano a una mujer   c. ser su principal ayuda
4. ___ a manos llenas   d. solicitarla como esposa

Pies:

1. ___ de pies a cabeza   a. estar cerca de la muerte
2. ___ levantarse con el pie izquierdo b. caminando, andando
3. ___ a pie   c. completamente
4. ___ tener un pie en el sepulcro   d. levantarse de muy mal humor

B. Las profesiones

La Estación Científica Charles Darwin en las Islas Galápagos es un centro de investigaciones donde trabajan:

a. **Geógrafos** que estudian la geo_____ de las islas.
b. **Zoólogos** que estudian su _____ .
c. _____ que estudian **geología**.
d. Y **biólogos** que estudian la _____ única de las islas.

C. Recuerda que muchas palabras en tu idioma que empiezan con

S + consonante, empiezan con ES en español.

Emplea dos palabras de esta lista para completar los espacios abajo.

especial	estadísticas	especialización	espectador
especie	específico	espectacular	especulación
espíritu	espléndido	espontáneo	España

La tortuga gigante (llamada el galápago)

es una _____

única de las Islas Galápagos. Dos de sus

_____ son impresionantes:

vive más de 100 años y pesa más de 250 kilos.

Oral (en parejas)

Utiliza la foto para hacer preguntas.

(dónde, cómo, qué, etc.)

El hombre en las Islas Galápagos

Emplea

de   en   a   por   para   entre

Hay un problema muy grande _____ las islas. Este problema es el hombre.

_____ los últimos años el turismo ha transformado las islas. Es verdad que las autoridades ecuatorianas están tratando _____ proteger la flora y la fauna. Pero es muy difícil.

P_____ un lado, los científicos dicen que las Islas Galápagos son un laboratorio _____ la creación. _____ otro lado, el Ecuador es un país pobre y el turismo significa trabajo _____ la gente _____ las islas. Ahora llegan 25.000 turistas al año _____ admirar los animales y las formaciones volcánicas. Pero _____ Puerto Ayora, _____ ejemplo, hay botellas _____ 7-Up _____ las iguanas marinas.

_____ realidad las islas ya han cambiado mucho _____ causa _____ la importación _____ animales y plantas europeas. El perro y el gato no causan mal, pero la rata come los huevos _____ muchos animales y la cabra ha desplazado a algunos animales indígenas.

El dilema es claro. _____ los naturalistas y científicos el turismo es un desastre y _____ la gente _____ las islas significa trabajo. ¿Qué hacer?

Síntesis

Escribe una oración completa sobre el hombre en las Islas Galápagos.

_____

_____

Composición

Escoge un tema.

1. Describe un lugar donde la naturaleza está en peligro. ¿Por qué razones hay peligro? ¿Qué animales y plantas están en vías de extinción? ¿Cuáles son las consecuencias?
2. Describe un animal que está en peligro de extinción. ¿Dónde vive? ¿Por qué razón está en peligro?

Vocabulario
Repaso

Femenino	Masculino
fauna	
flora	

Vocabulario nuevo

adaptación (adaptarse)	
cabeza	
cola	
especialización (especializarse)	
evolución (evolucionar)	brazo
mano	cuello
parte	cuerpo
pata	pie
pierna	tronco

Navegando por la Red
Para más información consulta:
(Nota: escribe primero el nombre del país)

1. **Lugares:** Puerto García, Puerto Ayora, Plaza Sur, Santa Fe, San Cristóbal, Puerto Baquerizo Moreno, Tortuga Bay, Santa Rosa, Bellavista, Isabela, Chato Tortoise Reserve
2. **Personas:** Charles Darwin Foundation, Charles Darwin Research Foundation, Margaret Wittmer
3. **Animales:** galápago, marine iguana, Galápagos albatross, galápagos hawk, sea-lion, fur-seal, boobies, Darwin finches
4. **Volcanes:** Fernandina, Isabela, Pinta, Marchena, Cerro Negro
5. **Asociaciones:** Asociación Ecuatoriana de Ecoturismo, CETUR, The Galápagos Coalition, South American Explorers Club

Pre-lectura: Durante los Juegos Olímpicos ¿miras mucho la televisión? ¿Gana tu país muchas medallas? Y los países latinoamericanos ¿también ganan muchas medallas?

LA PARTICIPACIÓN DEL ECUADOR EN LOS JUEGOS OLÍMPICOS

Los antónimos de las siguientes palabras están en el texto. Escríbelos.

2 perdido _____, nacionales _____

3 malos _____

4 ricos _____, menos _____

6 mal _____, peor _____, fue _v_____

¿Comprendes las siguientes palabras? **2** campeón, **3** entrenador

1 Aquí están los totales de todas las medalles ganadas por ciertos países en cien años de Juegos Olímpicos (1896 a 1996).

País	Oro	Plata	Bronce	Número total
Estados Unidos	875	685	578	2.138
Unión Soviética	526	420	382	1.328
República Alemana	203	192	176	571
Gran Bretaña	177	224	230	631
Francia	174	181	209	564
Canadá	66	87	114	267
Cuba	46	36	34	116
España	23	26	18	67

Aparte de Cuba, las medallas latinoamericanas fueron:

País	Oro	Plata	Bronce	Número total
Brasil	12	13	29	54
México	9	13	19	41
Uruguay	2	1	6	9
Venezuela	1	2	5	8
Colombia	0	2	4	6
Perú	1	3	0	4
Chile	0	1	0	1
Ecuador	0	0	1	1

2 ¿Quién es Rolando Vera? Es un campeón ecuatoriano de atletismo, larga distancia en ruta. ¿Y quién es Martha Tenorio? Ella también es atleta, es una corredora ecuatoriana. Rolando Vera y Martha Tenorio son campeones ecuatorianos que han ganado competiciones internacionales, como por ejemplo en los Juegos Iberoamericanos de México.

3 ¿Y en Seúl y Barcelona? Dieciséis atletas ecuatorianos viajaron a Seúl y otros tantos a Barcelona para participar en los Juegos Olímpicos. Naturalmente, con los atletas viajaron sus entrenadores. Pero los resultados de estos atletas ecuatorianos, campeones en el Ecuador, no fueron buenos. En las competiciones de alta categoría, los ecuatorianos no ganaron nada.

4 ¿Es necesario participar en los Juegos Olímpicos? Son juegos de gran prestigio, pero ¿son juegos para países pequeños, naciones pobres como el Ecuador? Cuesta mucho dinero enviar a un equipo a los Juegos Olímpicos: billetes de avión, hoteles, comida y mucho más. Este dinero viene de las diferentes federaciones deportivas del país y del gobierno. ¿Hay que desarrollar el deporte de masas[1] o debería desarrollarse más bien la capacidad técnica de las élites deportivas?

5 La idea del amateurismo en el deporte es en realidad un mito. Para competir al más alto nivel, no solamente hay que tener la capacidad deportiva, sino también el equipo más sofisticado con entrenadores y directores técnicos especializados. Todos tienen que dedicarse en cuerpo y alma al deporte y tener suficiente dinero para no tener que trabajar en otra cosa.

6 Entonces ¿fue bien utilizado el dinero empleado para enviar a los atletas ecuatorianos a los Juegos Olímpicos? ¿Es correcto utilizar el dinero de las federaciones para los juegos internacionales? ¿O sería mejor utilizarlo en el país para aprender y practicar deportes? Los ecuatorianos están haciéndose estas preguntas, pues en Seúl la delegación ecuatoriana gastó mucho, pasó unos días muy bonitos y volvió con las manos vacías.

7 ¿Son importantes las competiciones internacionales? Sí. Pero no todas. Algunos dicen que es importante representar al país y menos importante ganar medallas. ¿Pero no es para ganar medallas que los atletas van a participar? Otros dicen que hay que ser más modestos. Tú ¿qué piensas? ¿Te parece que, ya que en los países pobres hay muy poco dinero para los deportes, es mejor participar sólo en competencias locales? ¿O es necesario participar en los juegos internacionales?

---

[1] deporte de masas: *deporte popular*

Comprensión del texto

A. Las comparaciones

malo	-	peor	pequeño	-	menor
bueno	-	mejor	alto	-	superior
grande	-	mayor	bajo	-	inferior

Emplea las palabras arriba mencionadas.

1. Los resultados de los países latinoamericanos en los Juegos Olímpicos son
_____ .

2. Los resultados de México son _____ que los resultados de Chile.

3. El número de medallas que ganaron los atletas de la Unión Soviética fue grande, pero el número de medallas que ganaron los atletas de los Estados Unidos fue _____ .

4. El número de medallas que ganaron los brasileños fue bajo, pero el número de medallas colombianas fue _____ .

5. La posición de México fue mala, pero la posición del Ecuador fue
_____ .

B. Responde con oraciones completas.

1. ¿Cuántos atletas ecuatorianos participaron en los Juegos Olímpicos de Seúl?

_____

2. ¿Cómo fueron sus resultados?

_____

3. ¿Quiénes son Martha Tenorio y Rolando Vera?

_____

4. ¿Piensas que solamente los atletas de élite deben participar en los Juegos Olímpicos? ¿Por qué? Da varias razones.

_____

_____

_____

¿Qué deporte practican estos atletas?

Las repuestas están en tu cabeza

A. Vocabulario

1. El futbolista practica el _fútbol_.
2. El que participa en carreras de bicicleta practica el
   _____.
3. El que corre en carreras practica el _____.
4. El gimnasta practica la _____.
5. El que participa en carreras en una piscina practica la
   _____.

B. Ordena las frases.

1. _____ a. los ecuatorianos practican un
   _____ b. es olímpico, el montañismo
   _____ c. deporte que no

2. _____ a. se llama andinismo
   _____ b. altas y por esta razón, en Sudamérica
   _____ c. el montañismo es subir montañas

3. _____ a. la Cordillera Oriental (al este) y la
   Cordillera Occidental (al oeste)
   _____ b. en el Ecuador los Andes tienen
   _____ c. dos brazos

4. _____ a. las dos cordilleras
   _____ b. el andinismo en
   _____ c. es posible practicar

El montañismo

C. En los espacios escribe el sinónimo de las palabras entre paréntesis.

Emplea.

caminos　　punta　　andinismo　　ascender　　emplear	

　　　　Se necesitan dos condiciones para poder (subir) _____ el Chimborazo, la montaña más alta del Ecuador. La primera condición es tener experiencia en (montañismo) _____ y saber (utilizar) _____ el equipo especializado. La segunda condición es pasar un mínimo de una semana a una altura mayor de 3.000 metros para tener tiempo de aclimatarse.

　　　　Hay dos (rutas) _____ posibles: la ruta sudoeste y la ruta noreste. Las dos son difíciles, porque desde el último refugio toma entre 8 y 9 horas llegar a la (cima) _____ del Chimborazo (6.310 metros). La primera ruta es técnicamente más difícil que la segunda, pero en ambas hay nieve, hielo y muchas rocas.

Compara las montañas de la foto, los Andes, con las montañas cerca de tu casa.

Composición o debate
Escoge un tema.

1. Todos los países deben participar en los Juegos Olímpicos.

   2. Solamente los países ricos deben participar en los Juegos Olímpicos. Es muy caro para los países pobres.

3. Los Juegos Olímpicos no me interesan porque la participación de muchos deportistas es más importante que las medallas de algunos deportistas de élite.

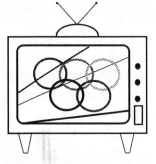

Oral
La televisión y los Juegos Olímpicos

1. ¿Cuáles son los atletas preferidos de la televisión?

   2. Para la televisión de tu país ¿son interesantes los atletas de otros países, o son importantes solamente los atletas nacionales?

3. ¿Son muy famosos los ganadores?

   4. ¿Hablan también sobre los perdedores?

5. ¿Hay detalles sobre los atletas sudamericanos?

   6. En las ceremonias de presentación de medallas, tocan música. Esta música se llama un himno nacional. ¿Sólo escuchas el himno nacional de tu país o también escuchas los himnos nacionales de otros países?

7. ¿Para quién es importante el número de medallas que gana un país?

Las excursiones en el Ecuador

Completa los espacios con las respuestas correspondientes.
Nota: <u>el</u> clima

El Ecuador es un país ideal para hacer excursiones. Es posible hacer excursiones por regiones de tres climas diferentes: en la sierr___, en un___ región semitropical y hasta en un clim___ tropical.

La mejor región para ir de excursión es la sierr___. Allí hay much___ valles y muchos sender___ [1]. Hay excursiones larg___ y cort___ que no presentan dificultades técnicas. Una excursión bonit___, de sólo una hora, es la visit___ del volcán Pululahua. Es fácil y el camino es buen___. Desde Mitad del Mundo, el monument___ a la líne___ ecuatorial, líne___ imaginari___ que divide nuestro planeta en dos hemisferios, el camino sube hasta el inmens___ cráter del volcán. Y allí hay un___ sorpresa. Dentro del cráter la tierr___ es excelente y hay agricultura.

Si quieres hacer excursiones por un___ región semitropical puedes hacerlo a sólo un___ kilómetros del paseo anterior. A poc___ horas al este de Quito puedes bajar a una región semitropical. Y si continuas bajando los Andes, hacia el este, llegarás a la región tropical. Esta es la peor región para ir de excursión porque es mucho más difícil caminar a causa de la vegetación dens___. Muchas veces es necesario cortar la vegetación con un machete.

Estos tres ecosistemas, como también las Islas Galápagos, están todos en la líne___ ecuatorial. Todos son muy diferent___ y muy interesant___.

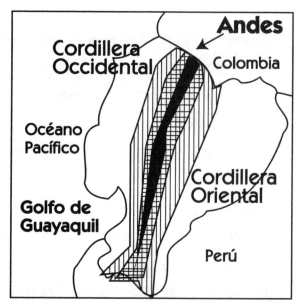

El Ecuador

Síntesis

Escribe una oración.

_____

_____

---

[1] sendero (m.): *ruta, carretera, camino estrecho*

Vocabulario

Repaso

Femenino	Masculino
deportista (f. y m.)	campeón(a) (f. y m.)
excursión	deporte
participación (participar)	juego (jugar)
	ganador(a) (f. y m.)

Vocabulario nuevo

atleta (f. y m.)	ciclismo
competición (competir)	montañismo
gimnasia	perdedor(a) (f. y m.) (perder)
	resultado (resultar)

Navegando por la Red
Para más información consulta:
(Nota: escribe primero el nombre del país)

1. **Alpinismo:** Tungurahua, Chimborazo, Altar, Sangay, Ingapirca, Cotopaxi

2. **Lugares:** Otovalo, Bellavista, Salinas, Esmerladas, Guayaquil, Manta, Mitad del Mundo, Ruta de los Volcanes

3. **Juegos:** Juegos Panamericanos, Juegos Olímpicos, Juegos Minusválidos, Masacre de Tlateloco México 1968, Torneo Merconorte

4. **Periódicos:** El Comercio, Diario Hoy, Expreso, El Mercurio, El Telégrafo, El Universo, newspapers Ecuador

5. **CETUR**

NOTA CULTURAL:

De negocios[1]

Hacer negocios en el Ecuador necesita tiempo. Si es posible, haz tus contactos antes de llegar al país; si los haces en el mismo país, calcula varios días para realizarlos.

En una reunión de negocios, llega a la hora. Si el ecuatoriano o la ecuatoriana llega tarde, no lo menciones. Recuerda que también en los negocios la cortesía es muy importante. Primero hay que saludar, dar la mano a todos los que están presentes. Al empezar la reunión, no se habla de negocios. Hay que hablar de la casa, la familia, el viaje, etc. Solamente después se habla de negocios. Durante la reunión, todos beben café. Es incorrecto no aceptar.

Recuerda que, en el Ecuador, como en todos los países latinoamericanos, se utilizan tarjetas de visita. Este pequeño rectángulo de papel duro indica el nombre completo de la persona y de la compañía, el título de la persona (Director de Ventas, por ejemplo), la dirección[2] y el teléfono. Es importante tener muchas tarjetas de visita, pues son muy útiles para hacer contactos. La persona que recibe tu tarjeta tendrá tu dirección y podrá comunicarse contigo después.

Si unos ecuatorianos te invitan a comer en casa, por favor no hables de negocios. Ésta es una invitación social.

---

[1] negocio (m.): *comercio; actividad comercial*
[2] dirección (f.): *señas; expresión del lugar en que vive una persona*

Pre-lectura: ¿Por qué es necesario salvar la región amazónica? ¿También es importante salvar nuestros bosques? ¿Cuál es la relación entre la selva tropical y la capa de ozono?

LA AMAZONÍA Y LA ECOLOGÍA DEL MUNDO

Encuentra los sinónimos en el texto.

2 representa <u>con_____</u>

3 muy grande <u>va_____</u>, jungla <u>se_____</u>, incorrecto f_____

4 produce e_____, defiende <u>pro_____</u>

5 área <u>re_____</u>

6 resultados <u>con_____</u>

1 La destrucción de la Amazonía es uno de los mayores problemas ecológicos del mundo. Pero, ¡atención! A pesar de que siempre se habla del Brasil y de los otros países en desarrollo, la emisión de carbono es mayor en los países industrializados.

Emisión de carbono (últimos 100 años)[1]

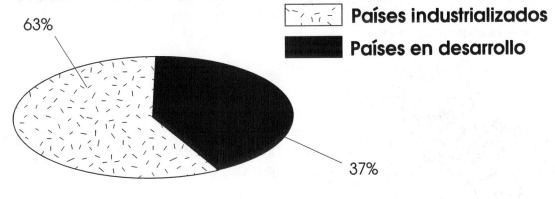

63%

▨ **Países industrializados**

■ **Países en desarrollo**

37%

---

[1] Baumert, Kevin A. and Nancy Kete. "The U.S., Developing Countries, and Climate Projection: Leadership or Stalemate?" World Resources Institute, June 2001.

2 Aún así es inútil perder tiempo con acusaciones sobre quién contamina más. Desgraciadamente, la destrucción de nuestro planeta es un hecho; es un problema global en que los responsables son tanto los países industrializados como los países en desarrollo. En los países en desarrollo, la deforestación constituye un 23% del problema y esto incluye la desaparición de la Amazonía como también de los bosques en África, Asia y América Central. Nosotros no podemos salvar nuestro planeta si nos concentramos sólo en un problema, como por ejemplo salvar la Amazonía. Por otro lado hay que comprender el problema de la Amazonía.

3 ¿Qué es la Amazonía? Llamamos Amazonía a un vasto territorio con selvas tropicales y ríos, de los cuales el río Amazonas es el más importante. Muchas personas piensan que la Amazonía es brasileña. Falso. Muchos de los países de América del Sur tienen grandes extensiones que forman parte de la selva amazónica, pues ésta se extiende de oeste a este, desde las colinas[1] al este de los Andes hasta el Atlántico.

4 La deforestación de la Amazonía es parte de una deforestación mundial. Al quemarse[2] la selva, ésta emite el mismo gas que los vehículos: el dióxido de carbono. La concentración de este gas y otros gases en la atmósfera está cambiando el clima del mundo. Los científicos piensan que va a hacer más calor en todo el planeta, que se va a producir el famoso efecto invernadero[3]. Otra consecuencia es la destrucción de la capa de ozono, capa de gases que protege nuestro planeta.

5 ¿Por qué hay deforestación en la región amazónica? Las razones son múltiples: para obtener tierras para la agricultura y la ganadería[4], para la industria maderera[5], para encontrar oro, para plantar coca. También hay razones individuales, como por ejemplo obtener madera para cocinar y razones nacionales como la construcción de centrales hidroeléctricas.

---

[1] colina (f.): *montaña pequeña*
[2] quemar: *consumir con fuego*
[3] efecto invernadero (m.): *acaloramiento del planeta*
[4] ganadería (f.): *industria de animales (vaca, toro, etc.)*
[5] madera (f.): *parte del árbol que se emplea*

6 ¿Y cuáles son las consecuencias de la deforestación? También son múltiples. Pero un problema que es propio de la destrucción de la Amazonía es la desaparición de millones de plantas y animales. En los bosques tropicales vive la mitad (1/2) de todas las especies de animales y plantas del mundo y muchas de estas plantas tienen uso medicinal. Si continuamos destruyendo los bosques, una gran parte de las especies va a desaparecer.

7 ¿Qué significa entonces la destrucción de la Amazonía? ¿Es de importancia para nosotros? Sí, es fundamental, pero es parte de un problema global. La otra parte del problema es nuestro: nuestros motores no pueden continuar contaminando masivamente nuestras ciudades; nuestras industrias no pueden emitir todo tipo de gases y productos químicos. La destrucción de la Amazonía no es simplemente un problema sudamericano, es parte de un problema más grande, una cuestión global.

Describe la foto.

_____

_____

_____

_____

_____

_____

Escribe los nombres de los países que forman parte de la Amazonía:

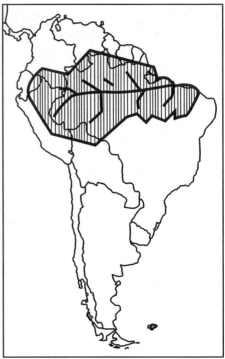

1. _____ 2. _____

3. _____ 4. _____

5. _____ 6. _____

7. Las tres Guayanas: _____,

_____, _____

Comprensión del texto

A. Escoge V (verdad) o F (falso).

1. El efecto invernadero está quemando a los países industrializados. _____

2. Los países industrializados son responsables de más de la mitad de la emisión mundial de carbono. _____

3. La Amazonía se extiende desde los Andes hasta el Atlántico y su río principal, el Amazonas, sale al Océano Pacífico. _____

B. Completa las frases lógicamente.

1. La deforestación amazónica continúa
   ___ a. porque no hay suficiente tierra para la ganadería y la agricultura.
   ___ b. porque es necesario producir energía eléctrica y drogas.
   ___ c. por un gran número de razones individuales y nacionales.

2. La destrucción de la Amazonía es trágica pues
   ___ a. ha causado la desaparición de plantas de uso medicinal.
   ___ b. ha causado la desaparición de un inmenso sistema de ríos, grandes y pequeños.
   ___ c. ha causado la desaparición del famoso efecto invernadero.

3. La destrucción de la Amazonía es un problema global
   ___ a. porque muchas personas piensan que la Amazonía es brasileña.
   ___ b. porque va a contribuir a cambiar el clima de nuestro planeta.
   ___ c. porque es una selva impenetrable.

La Amazonía

Vocabulario
Escoge la palabra correcta.

1.   destrucción   construcción   población

   Otro resultado de la _____ de la Amazonía es la erradicación de su gente.

2.   popularidad   polarización   población

   Las tribus amazónicas son pequeñas y su _____ total, en toda la Amazonía, es muy baja.

3.   nómadas   acuáticas   herméticas

   Muchas de las tribus pescan, cazan y comen las frutas de los árboles. No son agrícolas, son _____.

4.   comprendieron   aprendieron   perfeccionaron

   Los habitantes de la Amazonía no sólo _____ la canoa, sino que también inventaron la cama ideal para esta región, la hamaca.

5.   descubrieron   segregaron   instalaron

   También _____ muchas medicinas, como por ejemplo la quinina, que disminuye los efectos del paludismo[1].

6.   conservamos   destruimos   combatimos

   Al invadir, quemar y explotar la Amazonía _____ su flora, su fauna y su gente.

Para los adictos a las matemáticas:
Calcula.

1. La población de Brasil es de unos 176 millones (2002). Sólo 2 millones viven en la Amazonía. ¿Que porcentaje vive en la Amazonía? _____ %.

2. La población de Perú es de unos 27 millones (2002). El 1.5% vive en la Amazonía. ¿Cuántos peruanos viven en la Amazonía? _____

3. Conclusión lógica: La población de la Amazonía es _____.

---
[1] paludismo (m.): *malaria*

Oral

A. La destrucción de los bosques en los Estados Unidos.[1]

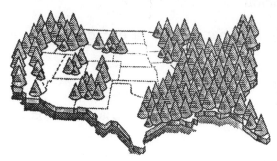

BOSQUES 1620

BOSQUES 1989

1. ¿Había muchos bosques en el pasado?
2. ¿Hay tantos bosques hoy como los había en el siglo XVII?
3. Indica las regiones donde han desaparecido completamente los bosques.
4. ¿Había bosques en el centro del país?
5. ¿En qué región existe hoy el mayor número de bosques?

B. Compara este bosque amazónico con la región donde vives.

---

[1] <u>USA Today</u>, International Edition, Sept. 22, 1990, p.3A

La Amazonía: sus tierras y sus aguas

Escoge el verbo.

| ser estar hay |

La cocaína **(es / está)** una de las razones que contribuye a la destrucción de la Amazonía. La coca crece donde empieza la Amazonía, en el oeste del continente, en Perú y Bolivia. En los últimos años, miles de hectáreas de la Amazonía han **(sido / estado)** destrozadas por la industria de la coca.

¿Cómo **(son / están)** destruyendo la tierra? Con herbicidas. ¿Y por qué? **(Son / Hay)** dos razones para utilizar herbicidas químicos. Primero, para plantar la coca **(es / hay)** que preparar la tierra y en esta región preparar la tierra significa eliminar la vegetación. **(Es / está)** muy fácil eliminar la vegetación con herbicidas. Segundo, **(hay / son)** varios programas de erradicación de la coca. Los gobiernos del Perú y Bolivia, con la ayuda del gobierno de los Estados Unidos, **(son / están)** erradicando la planta de la coca. Un método que han utilizado y ahora han abandonado **(es / está)** el uso de herbicidas. Estos productos matan entre el 95 y el 99% de las plantas de coca, pero como no discriminan, también matan a todas las otras plantas y árboles de la región.

¿Y la destrucción de la flora y fauna acuática? Evidentemente, los herbicidas también destruyen los peces y las plantas acuáticas, pero también **(hay / son)** otro problema grave. Para producir la pasta de coca, se utilizan varios productos químicos, entre ellos el ácido sulfúrico, la acetona y el kerosene. Luego se echan los restos a los ríos. En consecuencia, miles de peces, crustáceos y reptiles acuáticos mueren, la contaminación de los ríos continúa y los resultados han **(sido / estado)** catastróficos para la delicada ecología de la región.

Composición

Tema libre sobre un aspecto de la ecología.

Vocabulario
Repaso

	Femenino	Masculino
	conservación (conservar)	bosque
		desarrollo (desarrollar)
		territorio

Vocabulario nuevo

	consecuencia	problema
	deforestación	
	destrucción (destruir)	
	ecología	
	forestación	
	jungla	
	razón	
	selva	
		los países desarrollados
		los países en desarrollo

Navegando por la Red
Para más información consulta:
(Nota: escribe primero el nombre del país)

1. **Lugares:** Mojos, Tumi-Chucua
2. **Ciudades:** Rurrenabaque, Trinidad, Riberalta, Guayaramerín, Cobija, Magdalena, San Ignacio de Moxos
3. **Ríos:** Madre de Dios, Beni, Mamoré
4. **Reservas:** Reserva Beni, Sorata, parques nacionales
5. **Bolivianet**

Pre-lectura: ¿Te gustan las papas fritas? ¿son buenas? ¿son caras? ¿Cuántas veces has comido papas en los últimos cinco días?

LA PAPA: COMIDA DEL PASADO Y DEL FUTURO

En el texto hay palabras semejantes a las mismas palabras en tu idioma. Encuéntralas.

1 lis_____ , influe_____

> ### La Parada se halla 'sobrepoblada'... de papa
>
> La papa se ha convertido en la 'reina' de La Parada, debido a su abundancia en diversas especies, que rebasa la capacidad instalada de los trescientos comerciantes de este tubérculo. Sus precios oscilan entre los 30 céntimos y 1.20 céntimos por kilo, en el caso de las variedades 'blanca' o 'amarilla' y 'huayro', respectivamente.

    2 vita_____

3 dramá_____

    4 apr_____ , nutr_____

5 apro_____ , cos_____

    6 adap_____

¿Comprendes la palabra grasa en el párrafo **2**?

1 Los conquistadores españoles vinieron al continente americano en busca de minerales preciosos, sobre todo de oro[1] y plata. Los encontraron. En el Perú los conquistadores, quienes representaban al país más poderoso de Europa, también encontraron un imperio americano, el imperio Inca. Ellos eran conscientes de la importancia de los minerales y del imperio Inca, pero no le dieron gran atención a la flora y la fauna americana. La llevaron como curiosidad a España. Una lista de los productos más importantes que los españoles llevaron a Europa incluye el maíz, el cacao, el tabaco, y naturalmente la papa (llamada patata en España). Hoy el imperio incaico ha desaparecido; España ya no es una potencia[2] global; pero las plantas americanas han conquistado el mundo. Hoy la influencia de la papa es más importante que todo el oro del Perú.

---

[1] oro (m.) y plata (f.): *metales de gran valor, empleados para hacer joyas y otros adornos*
[2] potencia (f.): *el poder, la fuerza*

2 Hasta 1730, los europeos no aceptaron comer la papa. Algunos decían que causaba enfermedades, otros que tenía efectos afrodisiacos. Pero en la época en que la aceptaron, el continente europeo se estaba transformando, y gracias a la papa, hubo comida en cantidad. Como la papa contiene vitamina C, varias vitaminas B, fierro[1] y poca grasa, la salud[2] de la gente mejoró y la población aumentó considerablemente. Es interesante notar que este aumento de población es una de las razones que hizo posible la revolución industrial.

3 El consumo de la papa creció tanto que en Europa llegó a ser la comida principal del pobre. Sin embargo, comer un solo producto agrícola también causa problemas. El ejemplo más dramático es el de Irlanda, país donde la comida principal era la papa. En el verano del año 1845 y hasta el año 1851, una enfermedad destruyó las plantas de las papas. El resultado fue catastrófico: un millón de irlandeses murieron de hambre y otro millón tuvo que emigrar, principalmente a los Estados Unidos.

4 Hoy día, en muchos países pobres, la papa es la comida de los ricos y en los países ricos, nadie la aprecia. Pero si la población del mundo continúa aumentando, la papa será una solución. Es muy nutritiva y puede plantarse en casi todo el mundo.

5 En el Centro Internacional de la Papa en Lima, Perú, científicos de todo el mundo trabajan para combatir las enfermedades y plagas de la papa y para desarrollar variedades apropiadas a los diferentes climas del mundo. El desarrollo de la semilla[3] de la papa es uno de sus trabajos más valiosos. ¿Por qué? Porque hoy se planta la papa con pequeñas papas, llamados tubérculos. Tanto el transporte como el control de calidad de los tubérculos es difícil. La semilla reduciría las enfermedades, el costo del material y su transporte.

---

[1] fierro (m.): (hierro); metal pesado
[2] salud (f.): buen estado físico
[3] semilla (f.): granos para producir nuevas plantas

6 Para nosotros, es casi imposible comprender cómo los europeos podían vivir sin las plantas americanas, especialmente la papa y el maíz. La papa es el cuarto cultivo[1] del mundo, después del trigo[2], del maíz y del arroz[3]. La papa es mucho más adaptable que los otros tres productos, pues no solamente crece en zonas de gran altura como los Andes, sino también al nivel del mar[4]; crece donde hace frío y donde hace calor. Además, tiene muchos usos: podemos comerla, podemos utilizarla para hacer vodka, hasta para fabricar combustible de automóviles. En Norteamérica, como también en los países europeos, hay pocas variedades, pero en los Andes existen 5.000 variedades. Las hay de todos los colores y de muchas formas.

7 La importancia de la papa también se refleja en el idioma. En quechua, uno de los idiomas del pueblo indígena de los Andes, hay 1.000 palabras para la papa. Y en español hay muchas expresiones que indican su importancia: "estar en las papas" significa tener dinero; "no saber ni papa" significa no saber nada; "decir papas" es no decir la verdad; y en algunos países latinoamericanos el verbo "papear" es sinónimo de comer.

---

[1] cultivo (m.): *del verbo* *cultivar*
[2] trigo (m.): *planta de cuyas semillas se obtiene la harina que se emplea comúnmente para hacer pan*
[3] arroz (m.): *cereal de granos blancos*
[4] nivel (m.) *del mar: altura 0*

Pronombres
Indica la palabra que reemplazan.

1. Párrafo **1**, línea 2, "Los" _____

　　2. Párrafo **2**, línea 1, "Algunos" _____

3. Párrafo **2**, línea 3, "la" _____

　　4. Párrafo **3**, línea 3, "el" _____

5. Párrafo **6**, línea 7, "utiliza<u>la</u>" _____

Comprensión del texto

A. Completa con las palabras apropiadas.

1. En las Américas los españoles querían encontrar _____
   y llevarlos a España.

　　2. Cuatro productos agrícolas americanos que no existían en Europa,
　　　África y Asia son: _el_ _____, ___ _____,
　　　___ _____ y ___ _____.

3. Un millón de irlandeses murieron y otro millón salió del país porque
   _____.

　　4. El verbo "papear" es un sinónimo de _____.

B. Escoge la mejor respuesta.

1. El desarrollo de la semilla de la papa es importante porque
   ___ a. es un tubérculo, una papa pequeña.
   ___ b. reduciría el costo y las enfermedades.
   ___ c. tiene gran valor nutritivo.

2. La papa crece
   ___ a. en diferentes zonas.
   ___ b. sólo donde hace frío, a gran altura.
   ___ c. sólo donde hace calor, a poca altura.

3. La influencia de la papa
   ___ a. ha desaparecido con el imperio incaico.
   ___ b. ha desaparecido con el imperio español.
   ___ c. ha crecido y conquistado el mundo.

4. Cuando los europeos comenzaron a comer papas
   ___ a. un millón de irlandeses murieron.
   ___ b. aumentó el número de europeos.
   ___ c. comieron 5.000 variedades de todos los colores y de muchas formas.

Vocabulario

Los norteamericanos comen muchas papas, pero tienen pocas formas de prepararlas. Las más populares son:

1. las papas al horno[1]
2. las papas fritas
3. las papas al vapor (también utilizadas en la ensalada de papas)
4. el puré de papas

En Latinoamérica las papas se preparan de muchísimas formas. Se comen calientes o frías, en sopas, con carne, etc. Cada país tiene sus propias especialidades. Por ejemplo, el puré de papas, que los norteamericanos comen con mantequilla[2] y leche, se prepara:

1. en Bolivia con crema.
2. en el Perú con ají (chiles) y limón. Este plato, que se come frío, se llama 'causa'.
3. en Chile con zapallos[3] y arroz frito.
4. en Argentina hacen bolas llamadas ñoquis.

---

[1] horno (m.): *electrodoméstico que genera calor*
[2] mantequilla (f.): *sustancia grasa de la leche de vaca*
[3] zapallo (m.): *calabaza*

Indica V (verdad) o F (falso).

1. En Norteamérica preparan el puré de papas con leche y manzanas. _____

2. Los argentinos hacen ñoquis. _____

3. En Latinoamérica hay una gran variedad de maneras de preparar las papas. _____

4. La 'causa' es centroamericana. _____

Oral (en parejas)

Lean el poema y **respondan** a las preguntas abajo.

Oda a la papa[1]
-Pablo Neruda

Papa,
te llamas,
papa
y no patata,
ni naciste con barba[2]
no eres castellana:
eres oscura
como
nuestra piel[3] ,
somos americanos,
papa,
somos indios....

---

1. ¿Cómo se llama la papa en España?
2. ¿De qué color es la piel de los hombres americanos?
3. Neruda dice que la papa no es castellana. Aquí castellana significa de Castilla, en el centro de España. ¿De dónde dice Neruda que es la papa?
4. ¿Piensas que Pablo Neruda era chileno o español? ¿Por qué?
5. Los hombres autóctonos americanos no tienen barba. ¿Piensas que los conquistadores españoles tenían barba?

[1] Pablo Neruda, Odas Elementales, Santiago de Chile, Fundación Pablo Neruda, 1954.
[2] barba (f.): *pelo facial*
[3] piel (f.): *membrana flexible que cubre el cuerpo*

La llama y su familia

Emplea. (No están todas las palabras)

el	la	las	los
un	una	unos	unas

_____ llama es _____ animal que vive en _____ Andes. Pero en realidad hay cuatro animales en esta familia. Son _____ guanaco, _____ llama, _____ alpaca y _____ vicuña.

¿Cuáles son _____ diferencias entre ellos?

_____ guanaco es más grande pero tiene _____ mismas características que _____ llama. _____ dos son animales domésticos. _____ personas que viven en esta región no solamente utilizan su lana[1], sino que también comen su carne. También usan _____ llama para _____ transporte.

_____ alpaca igualmente es _____ animal doméstico, pero es pequeña y no se emplea para _____ transporte. Su lana de color chocolate es muy apreciada y es excelente para hacer ropa.

_____ vicuña es _____ más pequeña y delicada de _____ cuatro animales y vive en _____ alturas mayores, a más o menos cuatro mil metros. _____ vicuña tiene solamente 80 centímetros de altura; es graciosa y, a diferencia de _____ otros tres animales, no es un animal doméstico. Su lana es más fina, brillante, bella y delicada que _____ lana de la alpaca. Hace algunos años, la vicuña estaba en peligro[2] de extinción pero hoy ya no es el caso.

Síntesis

Escribe una oración sobre el texto anterior.

_____

_____

---

[1] lana (f.): _pelo de los animales que sirve para hacer ropa_
[2] peligro (m.): _riesgo inminente de algún daño_

Trabajo de biblioteca y composición

A. Un animal o una planta útil. Su origen, sus usos, su historia. Ejemplos: el cacao, la vaca.

B. Los sellos abajo se emitieron para celebrar el V Centenario del Descubrimiento de América: Encuentro de dos Mundos. Cinco de los productos son americanos. ¿Cuáles son? ¿Cuál no es americano? ¿Cuáles piensas que son los dos productos más importantes hoy? ¿Cuáles son los dos productos menos importantes? Dar las razones, por favor.

Los sellos

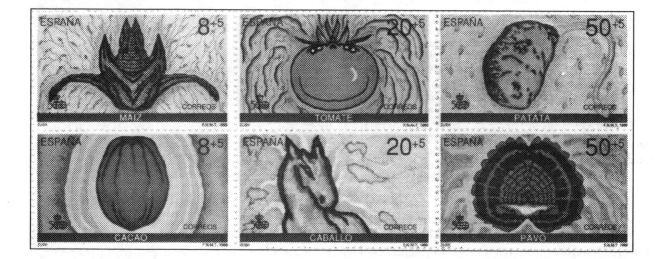

Vocabulario

Repaso

Femenino	**Masculino**
comida (comer)	cacao
planta (plantar)	consumo (consumir)
	producto (producir)

Vocabulario nuevo

papa	arroz
patata	cultivo (cultivar)
	maíz
salud	trigo

nutritivo(a)

Navegando por la Red
Para más información consulta:
(Nota: escribe primero el nombre del país)

1. **Productos agrícolas:** quinoa, papa, oca, kiwicha
2. **Animales:** llama, alpaca, vicuña, guanaco
3. **Mundo natural:** Lago Titicaca, Altiplano, Yungas, Puna
4. **Comidas típicas:** salteñas, empanadas, saice, chairo, llaiva
5. **Bolivianet**
6. **Periódicos:** La Razón, El Diario, Los Tiempos, Bolivian Times, El Deber, Presencia, newspapers Bolivia

Pre-lectura: ¿Te gustaría participar en una excavación arqueológica? ¿Te gustaría ayudar a un grupo de arqueólogos a descubrir una ciudad antigua? ¿o una tumba secreta? ¿Por qué? ¿Es difícil el trabajo de los arqueólogos?

MACHU PICCHU: CIUDAD MÁGICA

Escribe los antónimos de estas palabras.

1 arriba _____

2 alguien _____, posible _____, ignoran _____

3 bajan _____, muchas _____, máximo _____

4 nuevo _____

6 sufrir _____

1 La ciudad de Machu Picchu es espectacular por su situación geográfica. La ciudad se encuentra en la cima[1] de una montaña, con el río Urubamba abajo y los Andes, aquí verdes y semitropicales, alrededor.

2 Los españoles nunca descubrieron Machu Picchu y durante los siguientes 400 años, nadie visitó la ciudad. Luego, en el año 1911, las ruinas fueron descubiertas por el arqueólogo estadounidense Hiram Bingham. Cuando él encontró las ruinas, la ciudad estaba totalmente cubierta de vegetación y era imposible saber cómo eran las ruinas. Al limpiar la vegetación, encontraron maravillas: una ciudad entera con templos, palacios, casas, terrazas y una plaza central. ¿Para qué sirvió Machu Picchu? ¿Por qué construyeron los incas una ciudad en la cima de una montaña? Los arqueólogos piensan que fue un refugio, pero ¿fue un refugio militar o religioso? No lo saben.

3 Hoy cientos de turistas visitan Machu Picchu cada día. Vienen en tren desde el Cusco y luego toman pequeños autobuses que suben la montaña para llegar a las ruinas. Los turistas vienen de todos los países del mundo para admirar esta ciudad incaica, pero casi todos pasan sólo unas horas en Machu Picchu y

---

[1] cima (f.): *la punta*

después vuelven al Cusco. En realidad, es posible ver Machu Picchu en pocas horas, pero es imposible apreciar verdaderamente, admirar y contemplar las ruinas en tan poco tiempo. Machu Picchu tiene una dimensión mágica y es necesario pasar un mínimo de dos días para contemplarla.

4 Muchos jóvenes van a Machu Picchu a pie por el Camino Inca, un antiguo camino incaico entre el Cusco y Machu Picchu. Desde el Camino Inca, las vistas[1] son increíbles y las flores tropicales bellas. A pesar de[2] su dificultad, muchísimos grupos de turistas llegan hasta Machu Picchu cada año por el Camino Inca. En el camino, visitan otras ruinas y admiran la flora y fauna semitropical. El camino toma entre tres y cinco días para completar y ahora ha vuelto a ser posible hacerlo, gracias a la desaparición de los grupos terroristas en la región.

5 Un resultado negativo de este tráfico ha sido la cantidad de basura[3] dejada en el trayecto. En vista del elevado número de turistas, fue necesario tomar precauciones para proteger la región. Por esta razón, se creó el Proyecto Camino Inca, un organismo de peruanos y extranjeros, que trabaja en programas de conservación e investigación. Varios grupos de voluntarios, entre ellos el Club Andino Peruano y el Club Sudamericano de Exploradores, se dedican a limpiar[4] el camino. También el Fondo Mundial para la Vida Silvestre organiza una limpieza anual, en julio o agosto de cada año.

---

[1] vista (f.): *del verbo* <u>ver</u>
[2] a pesar de: *superando la dificultad*
[3] basura (f.): *suciedad, como la que queda a diario en las casas*
[4] limpiar, limpieza (f.): *quitar la suciedad*

6 Tenemos mucha suerte que estas magníficas caminatas¹ se puedan hacer otra vez. Así nuevas generaciones pueden gozar de esta experiencia única.

Comprensión del texto

A. Escoge la frase correcta.

1. Probablemente Machu Picchu fue una ciudad construida
   ___ a. por los incas y destruida por los españoles.
   ___ b. por los incas y abandonada porque era muy difícil llegar.
   ___ c. por los incas como refugio.

2. En Machu Picchu hay ruinas
   ___ a. del año 1911.
   ___ b. de una ciudad incaica.
   ___ c. de una ciudad española.

3. El Camino Inca es un camino
   ___ a. del Cusco a Machu Picchu y toma cinco horas.
   ___ b. del río Urubamba a Machu Picchu y toma grupos de seis personas mínimo.
   ___ c. entre el Cusco y Machu Picchu y se tarda unos días para completarlo.

4. El Proyecto Camino Inca es un grupo de
   ___ a. arqueólogos que estudia el Camino Inca.
   ___ b. personas que cooperan en el estudio y la conservación del Camino Inca.
   ___ c. guías especializados que conducen a los turistas por el Camino Inca y los protegen.

5. La flora y la fauna de esta región
   ___ a. fueron descubiertas por el arqueólogo norteamericano Hiram Bingham.
   ___ b. fueron destruidas por los turistas de todos los países del mundo.
   ___ c. son delicadas y singulares.

---
¹ caminata (f.): *sustantivo del verbo* <u>*caminar*</u>

B. Escoge V (verdad) o F (falso).

1. Los españoles descubrieron Machu Picchu. ____

2. Es posible ir y venir de la ciudad del Cusco, capital del imperio incaico, a Machu Picchu en un sólo día. ____

3. Hay que ser prudente en el Camino Inca a causa del terrorismo en la región. ____

4. Algunas personas llegan a Machu Picchu a pie, pero la mayoría llega en tren y sube la montaña en autobús. ____

Vocabulario

A. Recuerda.

Hay palabras en tu idioma que empiezan con QU o QUA que se escriben con C o CA en español.

QU ──────► C   QUA ──────► CA

Ejemplos: cuarto, calidad, cantidad

Completa.

La _____ de basura en el Camino Inca es muy grande.

B. El Cusco
Escoge el adverbio apropiado.

    a. cerca   b. delante   c. encima   d. debajo

1. Para llegar a Machu Picchu hay que ir primero al Cusco. Esta ciudad está a solamente 102 km de Machu Picchu. El Cusco está bastante _____ de Machu Picchu.

    a. detrás   b. delante   c. sobre   d. bajo

2. El Cusco, la capital del imperio incaico, es una ciudad muy antigua. Cuando los españoles derrotaron a los incas, impusieron su dominio _____ los incas y su capital, el Cusco.

    a. delante   b. detrás   c. bajo   d. sobre

3. Una forma muy concreta de imponer el dominio español fue construir catedrales, iglesias y edificios públicos _____ las ruinas de los edificios incaicos.

    a. lejos   b. cerca   c. alrededor   d. dentro

4. La Plaza de Armas está en el centro de la ciudad. A un lado de la plaza, sobre la base de un palacio incaico, está la catedral. A pocos pasos está la iglesia de La Compañía de Jesús. La catedral está _____ de la iglesia.

    a. dentro   b. fuera
    c. arriba   d. abajo

5. El contraste entre la arquitectura incaica y española es muy grande. Los incas utilizaron piedras de grandes dimensiones mientras que los españoles llenaron las iglesias de oro y plata. Los españoles prestaron gran atención a la decoración interior, la parte _____ de las iglesias.

La Catedral del Cusco

C. Completa el cuadro.

Sustantivo	Adjetivo
inca	incaico (incaica, incaicos, incaicas)
símbolo	_____
artista	_____

Emplea las palabras de ambas listas en el siguiente párrafo.

Los incas crearon un gran imperio y controlaron una región muy grande: desde el Ecuador hasta Chile. Ellos no fueron grandes artistas, fueron grandes imperialistas. Por ejemplo, la cerámica pre_____ fue más original que la cerámica _____. La producción _____ de las culturas preincaicas fue más importante que la _____.

Los idiomas indígenas

Ordena las frases.

1. ___ a. es la lengua materna de
   ___ b. el español no
   ___ c. todos los peruanos y bolivianos

2. ___ a. el quechua o el aymara
   ___ b. los bolivianos hablan
   ___ c. el 40% de los peruanos y el 60% de

3. ___ a. muchos también hablan
   ___ b. pero con un acento marcado
   ___ c. el español

4. ___ a. es el idioma
   ___ b. de la región del Cusco
   ___ c. el quechua

5. ___ a. Perú está en manos
   ___ b. el poder político y económico del
   ___ c. de los que viven en la costa y hablan español

6. ___ a. las personas que hablan
   ___ b. sufrido prejucios y pobreza
   ___ c. quechua y aymara siempre han

Las lenguas indígenas de Norteamérica.

Oral

1. ¿El mapa indica la lengua que se hablaba en tu región? ¿Cómo se llama esta lengua?
2. En la región de los Grandes Lagos hay tres lenguas. ¿Cuáles son?
3. En la región del Ártico hay dos grandes grupos lingüísticos. ¿Cuáles son?
4. ¿Quiénes hablan los idiomas indígenas hoy?
5. ¿Podemos aprenderlos en nuestras escuelas?
6. ¿Hay interés en aprender estos idiomas?
7. ¿Hay prejuicios contra las personas que hablan estos idiomas o simplemente hay ignorancia?
8. ¿Qué futuro tienen estas lenguas? ¿Por qué?

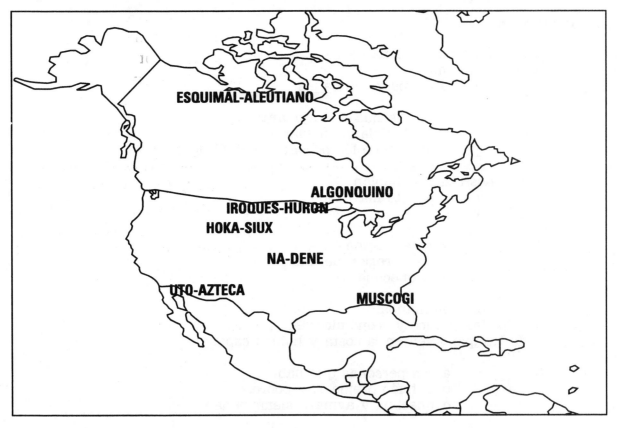

El Señor de Sipán

Emplea.

| de   del   en   a   al   con   por   para |

No solamente hay ruinas _____ la región de Machu Picchu; _____ todo el Perú existen ruinas incaicas y preincaicas. Es posible visitar algunas, pero hay muchísimas que todavía están cubiertas p_____ la vegetación o la arena.

Desgraciadamente, no sólo los arqueólogos buscan los lugares arqueológicos; hay muchas otras personas. Esos individuos no sólo venden los tesoros arqueológicos que encuentran, además destruyen los sitios arqueológicos. _____ ellos no les interesa la arqueología, sino el dinero.

Un descubrimiento muy importante _____ todo el mundo ocurrió _____ febrero '87 cuando el arqueólogo peruano Walter Alva descubrió la tumba intacta _____ un rey _____ siglo II o III. Cuando el arqueólogo llegó _____ lugar, encontró unas 80 personas buscando frenéticamente, pero por suerte, ellos todavía no habían encontrado la tumba _____ Señor _____ Sipán.

Los arqueólogos trabajaron muy lentamente y _____ gran cuidado[1]. Encontraron la tumba _____ un guardián _____ los pies amputados. Más abajo estaba el rey, cubierto _____ bellísimos objetos de oro, plata y turquesas. Junto _____ rey había tres mujeres, dos hombres, un niño, un guardián, un perro, una llama decapitada (sin cabeza) y muchísimas piezas de cerámica.

Los tesoros _____ Señor _____ Sipán son representativos _____ la cultura mochica. Pero el Señor de Sipán es sólo un ejemplo, pues _____ el Perú hay muchos sitios arqueológicos, hay muchas culturas preincaicas e increíbles tesoros arqueológicos.

Síntesis
En una oración analiza el texto anterior.

_____

_____

---

[1] cuidado (m.): *atención, solicitud*

Composición

Tú eres un arqueólogo.
Imagina que descubres una tumba en Sudamérica o
Centroamérica: Explica tu trabajo, los problemas que has
tenido, los tesoros que has encontrado, los elementos
culturales que has descubierto, la importancia del
descubrimiento. La vasija forma parte de los tesoros que has
encontrado.

Contorsionista: botella antropomorfa.
Estilo cupisnique clásico.
(800 a.C. aproximadamente)
Museo de la Nación, Lima, Perú.

Vocabulario

Repaso

arriba	≠	abajo
cerca	≠	lejos
delante	≠	detrás
dentro	≠	fuera
bajar	≠	subir

Vocabulario nuevo

algo	≠	nada
alguien	≠	nadie
alrededor		
encima	≠	debajo
máximo	≠	mínimo
sobre	≠	bajo
ignorar	≠	saber
atacar	≠	proteger

Navegando por la Red
Para más información consulta:
(Nota: escribe primero el nombre del país)

1. **Sitios arqueológicos:** Machu Picchu, Pisac, Ollantaytambo,
   Chinchero, Sacsahuamán, Tambo Machay, Sipán, Nazca, Chiclayo
2. **Culturas:** Chavín-Sechín, Paracas-Nazca, Huari-Tiwanaku (Tiahuanaco),
   Moche-Chimú
3. **Fiestas:** Inti Raymi, El Señor de los Temblores, Raqchi
4. **Lenguas:** quechua, aymara
5. **Personas:** Manco Capac, Atahualpa, Francisco Pizarro; Hiram Bingham, Walter Alva, María Reiche,
   Ann Kendall; Thornton Wilder *The Bridge of San Luis Rey*
6. **Asociaciones:** South American Explorers Club

Pre-lectura: ¿Cuáles son las profesiones más corrientes[1] de la mujer norteamericana? El censo indica que trabajan de dependientas en las tiendas, de secretarias y de cajeras. En el pasado fue muy diferente pues la profesión más común de la mujer norteamericana era la de sirvienta doméstica. ¿Cómo piensas que era la vida de una sirvienta?

JACINTA QUISPE: AMBULANTE[2]

¿Qué significian estas expresiones?
Muchas tienen varios significados:

pues significa:	1. porque	2. no significa nada, llena un espacio
¡Ay! significa:	1. dolor	2. pena
(de) allí, allá significa:	1. opuesto de aquí	2. después

Completa con las expresiones del texto

Párrafo 1: B_____, señorita...

Párrafo 3: A_____ _____ aprendí a lavar, a cocinar...

Párrafo 4: ...después me mandaba _____ aquí y _____ allá...

Párrafo 7: ¡___ _____ fue terrible!

Párrafo 9: ¡___ _____ qué vida!

Entrevista entre la periodista peruana E.G.N. y una vendedora ambulante.

Lima, 30 de abril

1. **E.G.N.:** ¿Para empezar, puedes darme tu nombre, tu edad y decirme de dónde eres?
   ♦ *Jacinta: Bueno, señorita; yo me llamo Jacinta Quispe y tengo 21 años. Yo no soy de aquí, soy de lejos, de la sierra.*
2. **E.G.N.:** ¿Y cuándo viniste a Lima?
   ♦ *Jacinta: Cuando tenía 13 años, me mandaron[3] aquí, a Lima, porque la vida está muy dura en mi pueblo, señorita. ¡Ay pero fue duro, durísimo!*
3. **E.G.N.:** ¿Durísimo?
   ♦ *Jacinta: ¡Ay sí! Vine a Lima con mi madrina[4]. De allí la madrina me encontró un trabajo. Y como yo recién estaba aprendiendo, le pagaban a ella. Allí pues aprendí a lavar, a cocinar, a hacer todo el trabajo de la casa.*
4. **E.G.N.:** ¿Le pagaban a ella?
   ♦ *Jacinta: ¡Claro que sí! Pero cuando yo tenía unos 15 años me salí de ese trabajo y*

---

[1] corriente: *común*
[2] ambulante (f. y m.): *vendedor(a) en la calle*
[3] mandar: *enviar*
[4] madrina (f.): *acompañante; especialmente ligada al bautismo*

me metí a otra casa. Allí me pagaban a mí. Yo trabajaba duro. ¡Ay, mamá! Duro. A las 6 de la mañana me iba a comprar el pan fresco y de allí preparaba el desayuno del señor. Después preparaba el desayuno de los chicos y limpiaba toda la mañana. Cuando el señor volvía de su trabajo, yo le servía el almuerzo y, de allí, a limpiar la cocina. A veces yo dormía la siesta, pero no muchas, porque la señora me mandaba para aquí y para allá y siempre me estaba mandando. Y después, la cena y a limpiar otra vez la cocina y a trabajar hasta las 11 de la noche.

5. **E.G.N.:** ¿Todos los días?

♦ *Jacinta: Bueno, los domingos, yo tenía mi salida y me iba a la casa de mi madrina. Allí siempre había gente de mi pueblo y a veces me traían noticias de mis hermanos, de mi mamá y de mi papá.*

6. **E.G.N.:** ¿Y después?

♦ *Jacinta: Yo me salí de esa casa y me metí a otra casa. Pero la señora era mala y me tuve que salir otra vez. De allí encontré a una señora buena y estuve dos años trabajando. De allí yo no me salí. La señora me despidió[1].*

7. **E.G.N.:** ¿Pero por qué?

♦ *Jacinta: Porque yo estaba encinta[2]. Eso fue como hace dos años. ¡Ay caramba, fue terrible! Me tuve que volver a la casa de mi madrina. Y cuando la bebé tenía dos meses fue peor. Con la nena empecé a buscar otra casa. Pero no querían las señoras. Me decían que no, que no, que con la bebé no podía trabajar. ¿Y qué iba a hacer? Tenía que comer. Así que me puse a trabajar de ambulante.*

8. **E.G.N.:** ¿Cuánto tiempo llevas trabajando de ambulante?

♦ *Jacinta: Empecé a vender en la calle hace un año. Tengo unas camisas que compro, y de allí las vendo. ¡Pero es difícil! La policía no me deja trabajar porque no tengo licencia. Y hay muchos ambulantes. ¡Muchos! Y siempre hay que estar vigilante, siempre.*

9. **E.G.N.:** ¿Pero vendes?

♦ *Jacinta: Sí, pero poco y la bebé y yo tenemos que comer y todo está caro. Todos los días, todo está más caro. La niña está chiquita ahora, pero ¿y después? ¡Ay Señor, qué vida!*

---

[1] despedir: *terminar empleo*
[2] encinta: *mujer que va a tener un(a) hijo(a)*

Comprensión del texto

Escoge la respuesta apropiada.

1. Jacinta tiene
   ___ a. 20 años y 2 hijos.
   ___ b. 23 años y 1 hijo.
   ___ c. 21 años y 1 hija.

   2. Jacinta va a Lima
      ___ a. para trabajar en la casa de su madrina.
      ___ b. para ayudar a la madrina que es ambulante.
      ___ c. con su madrina.

3. Jacinta trabaja primero como
   ___ a. empleada doméstica en una casa que su madrina encuentra.
   ___ b. empleada doméstica en una casa muy linda.
   ___ c. ambulante.

   4. Jacinta es ambulante porque
      ___ a. la madrina piensa que es una buena idea.
      ___ b. las señoras no quieren empleadas con hijos.
      ___ c. es mejor ser ambulante que ser empleada doméstica.

5. Es difícil venir a Lima porque
   ___ a. la vida es diferente y hay muchas madrinas.
   ___ b. hay mucha contaminación y también muchos ambulantes.
   ___ c. hay muchos problemas de adaptación para las personas de un
         pueblo.

Síntesis

En una sola oración describe la vida de un(a) empleada doméstica.

_____

_____

La costa y la sierra

Vocabulario

A. Escoge la palabra correcta.

1.   el contraste   contrastar
En el Perú hay un gran _____ entre la cultura de la sierra y la cultura de la costa.

2.   la migración   migrar
Muchas personas de la sierra han venido a la capital. A causa de esta _____, la población de Lima ha aumentado dramáticamente.

3.   el cambio   cambiar
Cuando las personas de la sierra llegan a Lima, hay presión social para adaptarse a la cultura de la costa, para aprender bien el español y _____ la ropa tradicional por ropa moderna.

4.   la aceptación   aceptar
Hoy hay una mayor _____ de los serranos (personas de la sierra) en la capital.

5.   la fuerza   forzar
Pero ellos no tienen _____ política, militar o económica en el país. Son los criollos los que tienen el poder.

La migración a la ciudad

Ordena las frases.

1. ___ a. es diferente de la experiencia de los hombres
  ___ b. la experiencia de las mujeres que
  ___ c. llegan a la capital

2. ___ a. para los hombres hay
   ___ b. de encontrar trabajo
   ___ c. más posibilidades

3. ___ a. el servicio doméstico, la venta ambulante o el ser vendedora en un mercado
  ___ b. tres opciones
  ___ c. pero para las mujeres solamente hay

4. ___ a. y la dificultad para obtener contraceptivos
   ___ b. es la falta de información
   ___ c. otro problema grave para las mujeres

Oral (en parejas)

Hagan dos **entrevistas** con la información de los dos anuncios.
Pregunten: nombre, edad, educación, experiencia, referencias, intereses, etc.

1.   Estudiante A: el o la director(a) de la agencia
        Estudiante B: la señorita que quiere trabajar como empleada

2.   Estudiante A: la señorita que quiere trabajar como niñera[1]
        Estudiante B: el señor o la señora

Composición o debate

Donde yo vivo se deben / no se deben permitir los ambulantes.
¿Quiénes son los vendedores ambulantes? ¿Podemos considerar como vendedores ambulantes a los músicos en las calles? ¿a los mendigos[2]? ¿a los vendedores de helados?
¿Dónde hay vendedores ambulantes? ¿Qué venden? ¿Por qué hay vendedores ambulantes?

---

[1] niñera (f.): *empleada que se ocupa de niños o bebés*
[2] mendigo (m.): *persona que habitualmente pide limosna (donativo)*

También los niños trabajan

Escribe los verbos en presente o pretérito perfecto, según el caso.

En Sudamérica, los últimos años (ser) _____ muy difíciles, seguramente los más difíciles desde la Gran Depresión de los años '30. Las consecuencias no sólo (ser) _____ importantes para los países, (ser) _____ importantes para los individuos. ¿Por qué? Porque hoy (haber) _____ más desempleo y la comida, el transporte y la ropa (costar) _____ más.

Una consecuencia terrible (ser) _____ que en los últimos años miles de niños (empezar) _____ a trabajar. Muchísimos niños (trabajar) _____ hasta 15 horas al día y (recibir) _____ salarios muy bajos. Muchos (trabajar) _____ en condiciones difíciles y (sufrir) _____.

Lucho (tener) _____ 9 años y (vivir) _____ en Lima, capital del Perú. Él y su hermano de 11 años (lavar) _____ y (cuidar[1]) _____ carros delante de un supermercado. Algunos días, ellos (ganar) _____ unos soles, pero otros días no (ganar) _____ nada. Ellos no (ser) _____ los únicos que (trabajar) _____ delante de ese supermercado. Hay 10 o 12 chicos que (lavar) _____ y (cuidar) _____ vehículos allí.

Lucía (tener) _____ 8 años. Ella (vender) _____ fruta con su mamá y (cuidar) _____ a su hermano menor.

Severo (tener) _____ sólo 11 años pero (trabajar) _____ casi nueve horas al día. (Reparar) _____ radiadores de coches en una zona marginal de Lima. No (ganar) _____ mucho pero (ayudar) _____ a su familia a subsistir. Severo (decir) _____ que cuando él era más pequeño él no tenía que trabajar. También (decir) _____ que antes su familia podía comprar leche todos los días y carne una vez por semana. Ahora (ser) _____ imposible.

Síntesis

Escribe una oración sobre el texto.

_____

_____

[1] cuidar: *ocuparse; atender a que una cosa o persona no sufra daño*

Discusión

El trabajo de los jóvenes en mi ciudad.
Edad, lugar, salario, horas, necesidad, consecuencias, etc.

Vocabulario

Repaso

Femenino	Masculino
compra (comprar)	cambio (cambiar)
fuerza (forzar)	
limpieza (limpiar)	

Vocabulario nuevo

aceptación (aceptar)	contraste (contrastar)
ambulante (f.y m.)	lavado (lavar)
cocina (cocinar)	servicio doméstico
migración (migrar)	trabajo (trabajar)
preparación (preparar)	

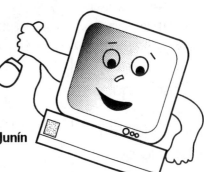

Navegando por la Red
Para más información consulta:
(Nota: escribe primero el nombre del país)

1. **Ciudades:** Huancayo, Cajamarca, Huancavelica, Ayacucho, Arequipa, Huanuco, Jauja, Tarma, Cerro de Pasco, Huaraz, Junín
2. **Mercados:** Polvos Azules, artesanía
3. **Pueblos jóvenes:** Villa El Salvador, San Juan de Dios
4. **Santos y fiestas religiosas:** Santa Rosa de Lima, San Martín de Porres, Semana Santa
5. **Periódicos y revistas:** El Comercio, La Prensa, La República, Expreso, Ojo, The Lima Times, Andean Report, newspapers Perú; revista: Caretas, Sí

NOTA CULTURAL:

La ropa

A causa de la altura, hay climas muy distintos en el Perú. En Puno hace frío todo el año, mientras que en Iquitos hace calor todo el año, pero en Pulcallpa hay lluvias de diciembre a marzo y el resto del año el clima es primaveral. Los pantalones vaqueros (blujín) son apropiados para el uso diario y los pantalones cortos (shorts) se utilizan mucho en Iquitos. Pero atención: como en todos los otros países latinoamericanos, con pantalones cortos no puedes entrar en iglesias ni edificios oficiales.

Recuerda que, si eres mujer y no quieres llamar la atención ni pasar momentos desagradables, debes llevar ropa modesta.

En el Perú, las mujeres indígenas llevan faldas largas y sombreros; los hombres llevan ponchos. Si eres mujer, no lleves poncho; si eres hombre, no lleves sombrero peruano.

Si compras esta ropa, no la utilices en el Perú. Si llevas esta ropa, los indígenas pensarán que te estás riendo[1] de ellos y la gente de clase media o alta pensará que eres ridículo.

Es importante no ofender a la gente.

---

[1] reir: ¡Ja! ¡Ja!

Pre-lectura: Las guías de turismo indican los lugares de interés para el turista. ¿Cómo son las frases en las guías turísticas, cortas o largas? ¿Por qué tienen un estilo telegrama? ¿Tienen un estilo literario, elegante?

¿QUÉ VISITA EL TURISTA?

Escribe las palabras semejantes.

1 for_____-pa_____, ornamen_____, sofis_____

2 col_____, cali_____, sime_____

3 a. multi_____, modi_____

   b. simp_____

5 ol_____

¿Comprendes la palabra leyenda (**4**)?

Las estadísticas de las Oficinas de Turismo de España indican que los lugares preferidos de los turistas en la categoría 'Arquitectura y Arte', son en orden de preferencia:

1 Granada: La Alhambra
Fortaleza-palacio construida por los moros[1] en los siglos XIV y XV. Fue la época de mayor sofisticación en arquitectura. Tiene proporciones exquisitas. El Alcázar o Casa Real incluye habitaciones privadas, salas de audiencia, patios, estatuas. Lleva decoración detallada. Hay jardines y torres. El Generalife es el palacio de verano. Tiene gran ornamentación y sofisticación. También está el palacio de Carlos V.

2 Córdoba: La Mezquita[2]
Construida por los moros entre los siglos VIII y XI. Tiene un bosque[3] de columnas, decoradas arriba en rojo y blanco. Hay inscripciones en caligrafía. Hay mosaicos de flores. Su simetría es delicada. Hoy en día la mezquita es una iglesia católica.

---

[1] moros (m.): *musulmanes que tomaron posesión de España*
[2] mezquita (f.): *templo musulmán*
[3] bosque (m.): *terreno poblado de árboles; (sentido simbólico)*

3 Sevilla: El Alcázar y la Catedral

a. El Alcázar es una fortaleza-palacio construida por los moros en los siglos XII y XIII. Tiene gran riqueza. Dentro del Alcázar la decoraciónes elegante, con azulejos[1] multicolores maravillosos. En los siglos XVI y XIX se hicieron modificaciones.

b. La catedral es inmensa. Fue construida sobre las ruinas de una mezquita. Es de estilo gótico. Junto a la catedral está la Giralda, una torre de la antigua mezquita; un monumento de gran simplicidad y elegancia que es el símbolo de la ciudad.

4 Santiago de Compostela

Es una ciudad-museo. Según la leyenda fue allí donde el apóstol Santiago[2] vino para convertir a los españoles a la religión católica. Tiene una catedral construida sobre la tumba[3] del apóstol Santiago. Es la única catedral de España con plazas a todos los lados. Su estilo es románico, salvo en una parte. Tiene un bellísimo altar, puertas labradas y un museo. Durante la Edad Media, millones de personas (peregrinos) de todos los países europeos visitaron Santiago de Compostela.

5 Toledo

Es una muestra completa del pasado. En sus angostas calles hay iglesias, sinagogas y mezquitas. En sus museos se destaca el arte del pintor El Greco. Su catedral es gótica, su puente es romano. La ciudad está rodeada por el río Tajo. Desde los bosques de olivo, fuera de la ciudad, hay vistas[4] extraordinarias.

6 Madrid

Es la capital de España. Tiene muchos museos. Entre ellos se destaca el Museo del Prado. Su arquitectura es variada: moderna y antigua. Tiene parques, avenidas, plazas, etc. Es una ciudad magnífica donde hay mucho que visitar.

---

[1] azulejo (m.): *rectángulo pequeño, vidriado, de varios colores, usado para la construcción*
[2] Santiago: *uno de los doce apóstoles de Cristo*
[3] tumba (f.): *sitio donde reposa el muerto*
[4] vista (f.): *del verbo <u>ver</u>*

Comprensión del texto

Llena los espacios con las palabras adecuadas.

1. El símbolo de Sevilla es ____ _____, torre de una antigua _____.

2. El apóstol Santiago es famoso por haber traído la _____ _____ a España.

3. Muchos de los lugares preferidos por los turistas fueron construidos por los _____. Ellos construyeron:

   a. en Granada: la _____, b. la _____ de Córdoba, c. el _____ de Sevilla.

Vocabulario

A. La Alhambra
Escoge el adverbio o la preposición adecuada.

1. entre / sobre / a / por

   Vista desde la montaña del Albaicín, la Alhambra parece estar construida _____ una montaña verde.

2. allí / dentro / detrás / encima

   _____ de la Alhambra se pueden ver las montañas de la Sierra Nevada, montañas altas con nieve.

3. a / por / de / para

   ¿Por qué es tan popular la Alhambra? Porque responde _____ nuestra imaginación.

4. por / para / con / a

   Es un palacio oriental _____ una ornamentación compleja.

5. desde / de / a / con

   Su arquitectura da la impresión _____ ser muy complicada y al mismo tiempo, delicada y airosa.

B. La arquitectura de la Alhambra

La Alhambra servía de todo:

casa   castillo   fortaleza   palacio

por fuera tiene:

jardines   patios   estatuas
cerámica   fuentes[1]   flores

por dentro tiene:

estatuas   cerámica   cuadros   murales

Completa con las palabras indicadas arriba.

1. La Alhambra es un conjunto de edificios que servía de casa a los reyes moros, pero por su elegancia la llamamos un _____. Tiene un gran número de habitaciones para la familia y salas de recepción para los visitantes.

2. La Alhambra está en una de las montañas de Granada. Su posición geográfica indica que también sirvió de _____.

3. En uno de sus patios se encuentra la fuente de los leones. A cada león le sale agua por la boca. Cada león es una _____.

4. El Generalife tiene muchas plantas y es famoso por sus _____.

---

[1] fuente (f.): *construcción por donde sale el agua en los jardines*

¿Qué piensan los españoles sobre Granada y las otras ciudades de Andalucía?

Tienen muchos **refranes** sobre ellas.
Encuentra el significado de estos refranes.

1. ¡Quien no ha visto Granada, no ha visto nada!
   __ a. la persona que no ha visitado Granada, no ha visto la Alhambra.
   __ b. la persona que no ha visitado Granada, no ha admirado algo
         extraordinario.
   __ c. la persona que no ha visitado Granada, no ha comprendido nada.

(Otra versión de este refrán es: ¡Quien no ha visto Sevilla, no ha visto maravilla!)

2. ¡Buena es Granada, pero junto a Sevilla, no vale nada!
   __ a. Sevilla es mejor que Granada.
   __ b. Granada es mejor que Sevilla.
   __ c. Granada y Sevilla están juntas.

3. ¡En Córdoba una hora, en Granada de paso, en Sevilla, toda una vida!
   __ a. Antes de llegar a Sevilla, hay que pasar por Córdoba y Granada.
   __ b. Es importante pasar una hora en Córdoba y Granada antes de ir a Sevilla.
   __ c. Sevilla es incomparable.

Las opiniones más exageradas son sobre **Madrid**. Los madrileños están convencidos de que Madrid es la mejor ciudad del mundo, pero los otros españoles no tienen la misma opinión.

Lee estas expresiones y dichos sobre Madrid.
Escribe el número del refrán en la columna correspondiente.

1. ¡Viva Madrid que es mi pueblo!
2. ¡Dios, olla[1] y Madrid!
3. ¡En Madrid nueve meses de invierno y tres de infierno[2]!
4. ¡Hijos de Madrid, cinco buenos entre mil!
5. ¡De Madrid al cielo!

Opinión madrileña	Opinión de españoles de otras ciudades
_____	_____
_____	_____
_____	_____

---

[1] olla (f.): *donde se pone la comida. Aquí significa* comida.
[2] infierno (m.): *opuesto de cielo*

Oral

El billete[1] de entrada a la Alhambra tiene dos partes.
Por un lado están los detalles sobre la visita. ⟶
Por el otro están las reglas para la visita.

⟱

JUNTA DE ANDALUCÍA
Consejería de Cultura y Medio Ambiente

Patronato de la Alhambra
y Generalife
·
Alcazaba
Palacios Nazaríes
Baño de Comares y Lindaraja
Partal y Torres
Generalife

Billete individual para visita diurna, por una sola vez, en el día que se expende y el siguiente para conti-tuarla en los Recintos no visitados.

Precio: 500 pts.

Consérvese hasta la salida.   Nº   14258

Granada

```
EXTRACTO DE LAS NORMAS DE VISITA PÚBLICA

- No portar mochilas ni bolsas.
- No fumar en los Palacios.
- No fotografiar con trípode ni con flash.
- No beber, no comer, salvo en los lugares existentes al efecto.
- NO TOCAR LAS DECORACIONES DE LOS MUROS.
- NO TOCAR LAS COLUMNAS NI APOYARSE EN ELLAS.
```

A. Haz las preguntas a un(a) compañero(a) de clase.

1. ¿Cuánto cuesta el billete? (Nota: pts. significa pesetas)
2. ¿Es éste un billete individual o para todo un grupo?
3. ¿Cuántas partes tiene la visita? Indica el número.
4. ¿Es posible utilizar el billete dos días? ¿Es posible visitar los recintos (lugares) no visitados el primer día?
5. ¿Por qué es necesario tener un billete que sirve para dos días?
6. ¿Es posible comer en la Alhambra y en el Generalife?
7. ¿Se permiten las fotografías con flash?

B. Con las fotos de la Alhambra que están en las páginas 105 y 106, explica lo que está a la derecha, a la izquierda, en el centro, etc. de cada foto.

---

[1] billete (m.): *tíquet o tiquete*

Los moros

Escribe los verbos en pretérito.

poder / disminuir / tomar / invadir / ser / ser / ser / ser / estar

Llamamos moros a los musulmanes que _____ como suya una gran parte de la península Ibérica. Durante los 700 años en que ellos _____ en España, los otros países de Europa pasaban por la Edad Media, una época difícil, de gran ignorancia. En cambio, en España, gracias a la influencia islámica, _____ una época de gran cultura.

Cuando los moros _____ la Península en el año 711 _____ conquistarla casi totalmente, pero su dominio _____ poco a poco durante los siguientes 700 años, hasta que finalmente les quedó sólo la ciudad de Granada.

La España de los moros no _____ un país, sino una serie de estados. Algunos _____ grandes centros intelectuales, como por ejemplo el califato de Córdoba, famoso por sus grandes pensadores islámicos, judíos y cristianos. Otros _____ centros artísticos, como por ejemplo Granada que se destacó por su arquitectura y su decoración.

Hoy, más de 500 años después de la caída del último rey moro, Boabdil, el legado de los moros en el idioma, la arquitectura, la agricultura, la comida, y muchos otros aspectos de la vida diaria española es todavía muy notable.

Síntesis del texto sobre los moros

_____

_____

Composición

Imagina que eres un turista. Has ido a España por dos semanas pero a causa de tu silla de ruedas has visitado pocos lugares. (Emplea los lugares que están descritos en el texto.) Ahora estás de vuelta a tu país. Escribe una carta a un periódico español para quejarte[1]. Di adonde fuiste, lo que visitaste, lo que no pudiste visitar y da las razones. Escribe la carta utilizando los varios tiempos del pasado.

Vocabulario

Repaso

Femenino	Masculino
	cuadro
	edificio
	mural

Vocabulario nuevo

cerámica	castillo
estatua	jardín
flor	moro
fortaleza	palacio
fuente	patio
habitación	
ornamentación	
sofisticación	
torre	

Navegando por la Red
Para más información consulta:
(Nota: primero escribe el nombre de la ciudad)

1. **Granada:** Alhambra, Palacios Nazaríes, Mexuar, Salón de Embajadores, Palacio de Carlos V, Alcázaba, Generalife, Capilla Real, Albaicín, Catedral, Cartuja
2. **Córdoba:** Mezquita-Catedral, Judería, Palacio de Viana, Museo arqueológico, Alcázar
3. **Sevilla:** Giralda, Reales Alcázares, Catedral, Palacio de Pedro el Cruel, Palacio de Carlos V, Barrio Santa Cruz, Museo de Bellas Artes, Casa de Pilatos, Parque de María Luisa
4. **Santiago de Compostela:** Plaza del Obradoiro, Catedral, Museo de Tapices, Palacio Gelmirez, Barrio antiguo, Plaza de la Quintana, Monasterio de San Martín Pinario
5. **Toledo:** El Toledo Antiguo, Catedral, Iglesia de San Tomé, Casa y Museo de El Greco, Sinagoga del Tránsito, Museo de Santa Cruz, Iglesia de Santa María la Blanca
6. **Madrid:** Museo del Prado, Museo Thyssen Bornemisza, Palacio Real, Museo Nacional Centro de Arte Reina Sofía, Monasterio de las Descalzas Reales, Plaza Mayor, Parque del Buen Retiro, Barrio de Oriente, centros comerciales, antigüedades, grandes almacenes

---

[1] quejarse: *expresar un disgusto o disconformidad con un servicio*

Pre-lectura: ¿Ves los deportes en la tele? ¿Qué deportes te interesan? ¿Conoces a alguien que mira mucho los deportes en la tele? ¿Cuántas horas a la semana dedica a esta actividad? ¿Lo hace solo o con amigos?

EL FÚTBOL Y LA TELE[1]

Los sinónimos están en el texto. Escríbelos.

1 gente _____, pelota _____, números _____

    3 ven _____, musical _____

4 anteriormente _____

    8 manera _____

1 Cuando juegan la Copa de Europa, millones de televidentes[2] ven los partidos. Millones de personas ven quince partidos entre los ocho mejores equipos nacionales europeos. Son veintidós horas y media de fútbol. Son 1.350 minutos dedicados a observar un balón entre cuarenta y cuatro piernas. Y éstas son las piernas más valiosas de Europa. Por ejemplo, las piernas del holandés Ruud Gullit valen 650 millones de pesetas. ¡Cada una! Pero estas cifras son pequeñas si las comparamos con las de la Copa del Mundo en México en el año 1986. Allí, gracias a la televisión, más de 1 billón de espectadores de 160 países, observaron la Copa del Mundo. ¡Veinticinco por ciento de la población del mundo vio el partido final!

2 Cuando empezaron los partidos televisados, algunos pensaron que sería el final del fútbol. La gente decía que el fútbol en la televisión era imposible, ridículo, y que nadie iba a mirar las pequeñas figuras en la televisión. Otros decían que nadie iría a los estadios. No fue así. La gente va a los estadios y la gente ve la televisión y la ve mucho, muchísimo.

---

[1] Adaptado y condensado de: Samper Pizano, Daniel. "Fútbol y tele: luna de miel en Europa."
Cambio 16, No. 865, 27 junio 1988. pp. 132-134.
[2] televidente (f. y m.): *persona que ve la televisión*

3 Todos los sábados por la noche hay un nuevo e interesante fenómeno social. Los amigos se organizan para ver el partido juntos: juntos miran y analizan el partido; juntos critican, juntos toman un vaso de buen vino y comen tortilla[1]. Los españoles pueden analizar el fútbol de todos los países: hablan de la disciplina alemana, del juego lírico de los brasileños. Hay personas que no juegan al fútbol pero son expertos, son profesores de fútbol.

4 El fútbol en la tele también es importante para los jugadores. Antes, para ver una estrella[2], había que estar en la ciudad apropiada; y el día apropiado, había que ir al estadio; y había que tener dinero. Sólo los privilegiados podían ir, y podían aprender. Hoy todo el mundo ve la tele y los que se pierden un partido pueden alquilar el vídeo y verlo en casa. Muchos aprenden con su nuevo profesor: la tele. La televisión ha sido la gran igualadora[3].

5 ¡Y los salarios! Los jugadores de fútbol son estrellas de la televisión y las estrellas ganan mucho. Al igual que las estrellas del cine, los jugadores de fútbol son los héroes de nuestros días.

6 El fútbol se ha convertido en un medio de comunicación social. Hay anuncios publicitarios de todo tipo, anuncios de cerveza, de ropa, hay anuncios políticos. Y estos anuncios publicitarios son auténticas minas de dinero para la televisión.

7 También hay que notar el impacto de la tele en el estadio. El estadio moderno tiene enormes pantallas[4] donde los espectadores pueden ver lo que ocurre ante sus ojos. Inclusive en los reglamentos del fútbol, la tele tiene influencia, y ésta va a aumentar. Todavía no han aceptado todos la vídeo-evidencia de la televisión pero, en el futuro, esto va a ocurrir.

8 ¿Y el futuro? ¿Se jugará al fútbol en pequeños estadios o en estadios sin gente, los únicos espectadores, los cinematógrafos? Ésta sería una forma de evitar los problemas de la violencia, especialmente la de los aficionados de algunos países.

---

[1] la tortilla española se hace con huevos y patatas; la tortilla mexicana es de maíz
[2] estrella (f.): *cuerpo celeste que brilla con su propia luz; artista que tiene gran popularidad*
[3] igualadora (f.): *que hace igual: =*
[4] pantalla (f.): *superficie que recibe la proyección de imágenes cinematográficas*

9 Este texto habla del fútbol, pero simboliza los grandes cambios que han ocurrido en España. Hoy España es un país moderno. El fútbol en la tele muestra no sólo los grandes cambios tecnológicos que han ocurrido en España sino también las consecuencias sociales que han cambiado la vida de todos los españoles.

Comprensión del texto

A. Escribe V (verdad), F (falso) o NI (el texto no lo indica)

1. Hay problemas de violencia en los estadios, especialmente con los espectadores ingleses en Holanda. _____

   2. Las reuniones entre amigos para ver los partidos de fútbol son los viernes, sábados y domingos. _____

3. Cuando las personas ven los partidos de fútbol en casa comen tortilla y beben vino. _____

   4. La tele es un gran profesor pues los espectadores y jugadores pueden ver partidos de fútbol de otros países. _____

Oral

Describe detalladamente la caricatura abajo. ¿Quiénes son los personajes de la caricatura? ¿Dónde están? ¿Qué están haciendo?
La caricatura tiene un mensaje. Explica el mensaje.

TONI

La Nueva España

Vocabulario

A. Años de hambre (1939-1960)

Después de la Guerra Civil española (1936-1939) hasta más o menos el año '60, España pasó por una época muy difícil. En algunas regiones, la situación fue tan extrema que hubo ocasiones en que tuvieron que comerse gatos y perros. Individuos, familias enteras, y a veces pueblos enteros dejaron el sur y el oeste del país y se instalaron en las ciudades del norte de España. Pero allí tampoco había trabajo y muchos españoles tuvieron que emigrar de España a lugares que nunca habían visto. Encontraron trabajo en los países más desarrollados: Suiza, Francia, Inglaterra, Alemania, etc.

El prefijo DES

Completa el cuadro.

conocer	_____
aparecer	_____
_____	desfavorable
_____	despoblar
ilusión	_____

Utiliza las palabras arriba mencionadas.

1. Durante los años de hambre la situación española fue muy _____.

2. En algunas poblaciones, hasta los gatos y los perros _____ de las calles.

3. Los españoles _____ el sur y el oeste del país.

4. Para trabajar salieron hacia otros países europeos, países _____ para ellos.

B. Años de desarrollo (1961-1973)

Emplea

muy   mucho (a, os, as)

España cambió por tres razones:

1. La emigración

_____ españoles, más de un millón en algunos años, tuvieron que salir del país para trabajar. En Francia, Alemania, Suiza, etc., había _____ trabajadores españoles, quienes enviaban dinero a sus familias en España. Individualmente las cantidades eran pequeñas, pero globalmente llegó _____ dinero a España.

2. El turismo

La economía de los países del norte de Europa marchaba _____ bien y estos europeos podían permitirse vacaciones. Vinieron a pasarlas en España.

3. Las compañías transnacionales

Éstas se instalaron en España y crearon _____ empleos[1]. En esa época _____ personas tenían dos empleos.

¿Cuáles fueron los resultados?

Éstos fueron _____ importantes:

A. Los españoles comieron mejor. También pudieron permitirse algunos lujos[2]: instalaron teléfonos y compraron _____ coches. El nivel[3] de vida aumentó _____.

B. Los españoles, que habían vivido al margen de los países europeos, tuvieron _____ contactos con otros europeos. Los conocieron cuando _____ fueron trabajadores extranjeros en los países del norte y cuando los europeos vinieron a pasar sus vacaciones en España.

---

[1] empleo (m.): *trabajo*
[2] lujo (m.): *cosa que demuestra la abundancia de dinero, tiempo. etc.*
[3] nivel (m.) de vida: *calidad, grado al que llega*

Composición

Escribe una carta pidiendo información sobre un lugar que deseas visitar.

Oral (en parejas)

La tele española. Dos alumnos encuentran:

1. Un programa de fútbol.
2. Un programa de otro deporte. (el fútbol no)
3. Dos películas norteamericanas.
4. ¿Cómo se llaman en español "Hogan's Heroes", Antena 3?
5. ¿Cuántas veces hay "Noticias" en TV-2?
6. Compara los programas con los que tú puedes ver. ¿Son mejores? ¿peores? ¿iguales? ¿qué diferencias notas?

TARDE

TVE-2

14.30 **Noticias**.
14.35 **Rápido** (redifusión).
15.00 **NBA**.
16.25 **Noticias**.
16.30 **Sábado deporte**.
- Rugby. Torneo Cinco Naciones. Irlanda-Inglaterra. En diferido desde el campo de Dublín.
- Squash. Campeonato Internacional de Espana. En diferido desde el Club Castellana de Madrid.
17.50 **Noticias**.
18.00 **Baloncesto**.
- Estudiantes Caja Postal-FC Barcelona. En directo desde el Palacio de Deportes de la Comunidad de Madrid.

NOCHE

20.00 **Cineclub**. Ciclo El meiodrama por John M. Stahl. *El sargento inmortal*. Colin Spencer, joven provinciano, toma la decisión de alitarse en el Ejército, para combatir en Libia contra los italianos.
21.35 **Cortometraje**. *Verano*.
21.50 **Noticias**.
22.00 **La sombra de la horcha**.
22.55 **TVE-2 presenta**. *Y la vida continúa*. Episodio número 2
23.55 **Diaria de la guerra**.
0.10 **La tabla redonda**. *La influencia colectiva en los seres vivos*. Invitados: Rupert Sheldrake (científico y escritor), Jose Maria Poveda (psiquiatra), José Manuel R. Delgado (neurólogo). Fernando O. Herrera (catedrático de la universidad Politécnica de Madrid). Francisco López (presidente do Yoga para Is Paz). José Luis G. Quirós (catedrático de la universidad Complutense de Madrid).
1.10 **Última sesión de ópera**. *Katia Kavanoba*.
2.45 **Videomix**.

ANTENA 3

14.30 **Los héros de Hogan** (serie).
15.00 **Noticias**. Con Luis Herrero y Miriam Romero.
15.30 **Polvo de estrellas**. Incluye:
-15.38 *Teletienda*.
- 15.46. *La cabaña del fin del mundo*. Director: Stewart Raffil. Intérpretes: Robert Logan y Susan Damante Shaw. Los problemas y aventuras de una familia urbana que decide irse a vivir al campo en Canadá.
- 17.32. Noticias.
- 17.37. *El terror de los bárbaros*. Director: Carlo Campogalliani. Las hordas bárbaras intentan conquistar Italia a las órdenes de Igor.
19.30 **Teletienda**.
19.rlO **ENG** (Reporteros) (serie). Una periodista canadiense que ha conseguido el éxito en EE UU regresa a Canadá para presentar un programa. Un joven, E.N.G. descubre que ha sido drogadicta.

20.30 **Noticias**.
21.00 **Crónica en negro**, Dirige y presenta: Manuel Mariasca. *Padre o violador*. Dedicado al caso de Vicente Sánchez García. condenado por la audiencia de Cáceres a más de 86 años de prisión por la violación de, sus cinco hijas.
21.30 **El orgullo de la hurerta** (serie).
- 22.07. **Noticias**.
-22.10. *Foxtrot*. 1976 (91 minutos). Director: Arturo Ripstein. Intérpretes: Peter O'Toole y Charlote Rampling. Una pareja abandona su Rumania natal a finales de los años treinta y se establece en una isla paradisiaca.
- 23.56. *Pánico en el bosque*. 1971 (86 minutos). Director: Sidney Hayers. Un maniaco sexual pone, en peligro la vida de las alumnas de un colgio.
-1.27. *Su único pecado*. Director: King Vidor. Un abogado tiene un romance con una joven que se suicida cuando él vuelve con su mujer.
3.05 **¡Oh video!**

CANAL SUR

14.30 **El diario fin de semana**.
15.00 **Dibujos animados**.
15.30 **Cine de tarde**. *Hollywood Hollywood (That's entertainment, II)*. EE UU, 1976 (126 minutos). Colotr. Director: Gene Kelly. Música: Nelson Riddle. Intérpretes: Gene Kelly y Fred Astaire. Continuación de *Érase una vez en Hollywood*, se siguen representando maravillosas secuencies de las mejores películas musicales de la época, con Fred Astaire y Gene Kelly como narradores. También aparecen otros importantes actores de filmes no musicales, como Greta Garbo, Clark Gable y los Hermanos Marx.
11.30 **Nos vemos el sábado**.
19.20 **Dime una mentira**.
19.45 **Fútbol**. En directo, desde el estadio Ramón Sánchez Pizjuán, retransmisión del encuentro de la Liga de Primera División entre el Sevilla FC-Real Betis Balompié.

22.00 **El diario**. Últimas noticias y resumen del día.
22.10 **Entre amigos**. Presenta: José Luis Moreno.
0.25 **Cine de evasión**. *Coto de caza*. España. 1983 (99 minutos). Color. Director: Jorge Grau. Intérpretes: Assumpta Serna. Victor Valverde. Luis Hostalot. Montserrat Salvador. Guión: Manuel Summers y Jorge Grau. Música: CarlokVizziello. Una mujer, abogada criminalista, mantiene firmemente la creencia de que es la propia sociedad la responsable de la delincuencia actual. Sin embargo, por una dramática serie de circunstancias, sera esta delincuencia la que golpeará brutalmente su vida. La abogada ha de luchar entonces entre la fidelidad a sus principios y la violenta realidad de los hechos que está sufriendo en sus propias carnes.
2.05 **Despedida y cierre**.

Vivir con la suegra[1]

Completa los espacios con las concordancias correspondientes.
Nota: <u>el</u> problema

Hoy, la gran mayoría de los españoles vive en pisos individual____,
propios. En las afueras[2] de las ciudad____ están los edificios donde viven los
más pobr____. Desgraciadamente las viviendas tienen mucho ruido y poco
espacio. ¿Por qué? Porque en los años '50 el gobierno español empezó a
construir un inmens____ número de edificios. Pero el gobiern____, sin
ningun____ experiencia en construcción, no construyó lugares para la
diversión y el recreo. Inmediatamente después de terminar cada vivienda, el
gobierno vendía tod____ los pisos individual____ a diferentes familias.

Pero no hubo suficiente número y much____ familias tuvieron que
compartir pisos. De allí viene la expresión "vivir con la suegra", un____
experiencia que causó muchos problem____ familiar____.

Y mientras que los pobres "vivían con la suegra", los de clase media y
alta compraron pis____ propios. Ellos se instalaron en edifici____ nuev____,
con piscina y garaje, pero, ¡atención! Éstos estaban en el centro de l____
ciudad.

Hay dos razones muy importantes que explican por qué los ric____
viven en el centro y es importante notar que ambas razones son social____ y
no económic____. Primero, el horario español. Pocos español____ duermen la
siesta pero muchos, si pueden, prefieren ir a casa al mediodía. Segundo, a los
españoles les encanta salir a cafés, restaurant____ y pasearse por las
call____.

A principios de los añ____ ochenta empezó un movimiento hacia cas___
individual____, fuera de la ciudad, movimiento que sigue hoy en día. Los
ricos empezaron a escaparse de la contaminación para instalarse en lugar___
más tranquil____.

¿Cómo serán las ciudades españolas del futuro? ¿Todos los ricos
abandonarán el centro como en algunas ciudades estadounidenses?
¡Imposible! La vida de la calle es demasiado dinámica y todavía sigue siendo
una forma de vivir.

---

[1] suegra (f.): *madre del esposo o de la esposa*
[2] afuera: *opuesto de <u>adentro</u>*

Explica

Según el texto de la página 117, ¿cuáles son las diferencias entre el modo de vivir de los españoles y el de tu país?

A. En mi país _____

_____

B. En España _____

_____

Vocabulario
Repaso

Femenino	**Masculino**	
gente	equipo	antes
	espectador(a) (f. y m.)	≠
	estadio	después
	juego (jugar)	
	jugador(a) (f. y m.)	
	partido	
	salario	

Vocabulario nuevo

cifra	anuncio publicitario	juntos
estrella	balón	
pelota		**Verbos**
		analizar
		aumentar
		criticar
		observar

Navegando por la Red
Para más información consulta:
(Nota: escribe primero el nombre del país)

1. **Copa del mundo:** Mundial Francia 1998, Mundial Estados Unidos 1994, Mundial Japón-Coréa 2002
2. **Equipos españoles:** Real Madrid, Atlético de Madrid, Deportivo de La Coruña, Valencia Club de Fútbol, FC Barcelona, RCD Espanyol
3. **Asociaciones:** FIFA, Liga de Fútbol Profesional, Sportec
4. **Grandes jugadores:** Pelé, Diego Maradona, Ronaldo
5. **Música española:** Compositores: Isaac Albéniz, Enrique Granados, Manuel de Falla; Guitarristas: Andrés Segovia, Narciso Yepes, Joaquín Rodrigo
6. **Cine español:** Luis Buñuel, Juan Antonio Bardem, Carlos Saura, Victor Erce, José Luis Borrau, Mario Camus, Manuel Gutiérrez Aragón, Pedro Almodóvar, Antonio Román, Pilar Miró, Arantxa Lazcano

Pre-lectura: Hay muchos tipos de atletas. En un extremo están los que actúan delante de las cámeras de televisión para millones de espectadores; en el otro, los que practican deportes en solitario. ¿Dónde estás tú en esta escala? Practicas deportes en solitario o eres miembro de un equipo? Hay ventajas y desventajas en ambos extremos. ¿Cuáles son?

PERICO (PEDR**O**) DELGADO, CICLISTA

En español hay muchas **palabras semejantes** a las mismas palabras en tu idioma. El número te indica el párrafo donde se encuentra cada palabra. **Escríbelas, por favor.**

2   prest _____ ,   acus _____ ,   ori _____ ,   dis _____

         3   desca _____   **4**   pena _____

            5   lím _____   **6**   auto _____

1 Pedro Delgado es uno de los ciclistas más famosos de España. Sus resultados, como lo indica el cuadro, son excelentes.

Tour de Francia (1988)	primero
Vuelta a España	primero
Tour de Francia (1987)	segundo
Semana Catalana	cuarto
Gran Premio Escaladores	quinto
Tour de Normandía	sexto
Vuelta al País Vasco	séptimo
Flecha Valona	octavo

2 Es verdad que el camino para ser campeón del Tour de Francia, la competición de más prestigio del mundo ciclista, no ha sido fácil. Perico ha tenido problemas. En julio de 1988, durante el Tour de Francia, Perico fue acusado de tomar drogas. Los médicos le hicieron un examen de orina y encontraron la droga Probenecid, un disimulador de esteroides anabolizantes. Es decir, el Probenecid se utiliza para disimular la presencia de otras sustancias en la orina.

3 Este medicamento está prohibido por el Comité Olímpico Internacional y por la Federación Francesa de Ciclismo. Pero no está prohibido por la Unión Ciclista Internacional. Por esta razón Perico no fue descalificado, pues el Tour de Francia está organizado por la Unión Ciclista Internacional y no por las dos otras federaciones.

4 ¿Entonces, fue o no fue campeón Perico Delgado? ¿Debió o no debió llevar la famosa camisa amarilla del campeón del Tour de Francia? Sí, fue campeón y debió llevar la camisa amarilla. Éstas son las reglas del juego y según la Unión Ciclista Internacional, no hay penalidad.

5 El problema de la droga existe en casi todos los deportes. Todos los atletas tienen límites personales, fronteras que no pueden pasar, pero con las drogas pueden ir más lejos, pueden sobrepasar estos límites. Lamentablemente, como en el caso del famoso atleta canadiense Ben Johnson, no sólo los atletas sino también sus entrenadores y sus médicos piensan que es necesario drogarse para poder ganar.

6 Hay varias drogas disponibles: los esteroides anabolizantes, derivados de la hormona masculina testosterona, que aumenta la masa muscular; las hormonas de crecimiento[1], que no se pueden descubrir en la orina; y el 'doping' sanguíneo, una autotransfusión de sangre. Y la lista sigue aumentando, pues los científicos siempre descubren nuevas sustancias que son más difíciles de encontrar.

7 ¿Cómo va a terminar el problema de la droga en los deportes? ¿Abandonarán las drogas los atletas? ¿Habrá más controles? ¿O mejores disimuladores? O algún día ¿ya no será tan importante ganar y no habrá necesidad de doparse?

---

[1] crecimiento (verbo: crecer): *aumento de tamaño*

Comprensión del texto

A. Indica: sí o no

1. Perico tomó drogas. ____
2. Perico fue penalizado. ____
3. En el ciclismo siempre se permiten las drogas. ____
4. Hay muchas drogas y en el futuro habrá más. ____

B. Recuerda los números ordinales.

primero, segundo, tercero, cuatro, quinto, sexto, séptimo, octavo, noveno, décimo

Nota bien: quint/a/o/as/os

Recuerda que los adjetivos **primer** y **tercer** no llevan **O** en el masculino singular cuando van delante del sustantivo.

Por ejemplo: El español Miguel Induráin ha ganado el Tour de Francia cinco veces. Él terminó en **primer** lugar o en el puesto **primero**.

C. Completa las preguntas con estas palabras interrogativas: de dónde, qué, cuál, cómo.

Luego **responde a las preguntas** con oraciones completas.

1. ¿_____ es la competición en que terminó quinto Perico Delgado?

_____

2. ¿_____ se llama la carrera donde terminó octavo?

_____

3. ¿_____ es el atleta Ben Johnson?

_____

4. ¿_____ es el 'doping' sanguíneo?

_____

La bicicleta de montaña.

A. Vocabulario

¿Cómo se llaman las partes de la bicicleta indicadas con tres estrellas? (***)

1. ___ la llanta
2. ___ el freno
3. ___ los cambios
4. ___ los pedales
5. ___ el sillín[1]

a. sirven para facilitar las velocidades
b. sirve para parar
c. sirven para poner los pies y mover la bicicleta
d. sirve para rodar, avanzar
e. sirve para sentarse

B. El equipo del ciclista. ¿Dónde se pone?

1. ___ el casco
2. ___ los guantes
3. ___ las gafas
4. ___ el pantalón
5. ___ las zapatillas[2]
6. ___ la camiseta[3]

a. en los pies
b. en las manos
c. en la boca
d. en la cabeza
e. en el tronco y los brazos
f. en el tronco y las piernas
g. en la cara

---

[1] sillín (m.): *tipo de silla*
[2] zapatilla (f.): *tipo de zapato*
[3] camiseta (f.): *tipo de camisa*

Código[1] del ciclista de montaña[2]

Utiliza el imperativo (segunda persona singular-tú)

1. (controlar) _____ tu velocidad.
2. (minimizar) _____ todo impacto.
3. (planear) _____ con anticipación.
4. (adelantar[3]) _____ con cuidado.
5. (ceder) _____ siempre, aun si es inconveniente.
6. (no entrar) _____ en terrenos privados o prohibidos.
7. (no ensuciar[4]) _____, lleva todo lo que traes.
8. (no salir) _____ de los caminos pues en los campos puedes destruir ecosistemas frágiles.

Oral y composición

Debate: Una persona defiende los deportes en solitario, la otra persona los deportes de equipo.

¿Qué deportes se pueden practicar solo? ¿Cuáles son sus ventajas, sus desventajas?

    ¿Cuáles se practican con otra

    persona? ¿con un equipo?

¿Cuáles son sus ventajas, sus desventajas?

---

[1] código (m.): *reglas*
[2] Arroyo, Carlos, "Acercarse a la naturaleza," <u>Sport Club</u>, invierno, 1990, p.45.
[3] adelantar: *ir adelante*
[4] ensuciar: *poner sucio (opuesto de limpio)*

¿Dónde nacen[1] estos campeones españoles?

1. Raúl (González)
Fútbol (Club Real Madrid)

Nace en 1977 en la capital. Es uno de los deportistas más famosos de España, el ídolo de las masas.

Nace en _____.

Copa de Europa, 1998, 2000
Copa Intercontinental, 1998, 2001
Bota de Bronce, 1999, 2001

2. Natalia Rodríguez   Atletismo

Esta atleta es de Cataluña. La ciudad está al sur de Barcelona, en la costa del Mediterráneo y se llama _____.
Natalia Rodríguez es experta en dos distancias, 800 metros y 1.500 metros.
Juegos Olímpicos (Sidney)
Campeona de España absoluta de 1.500m al aire libre, 2000, 2001, 2002

3. Sergio García "El Niño"   Golf

Nace en 1980 en un pequeño puerto mediterráneo entre Valencia y Tarragona. Hablan el catalán en esta región. Las playas son muy bellas y naturalmente hay muchos campos de golf.
Esta ciudad se llama _____.
Open de Catalunya, 1997
Open Irlandés, 1999
Masters Alemán, 1999
Mastercard Colonial y Buick Classic, 2001

4. Roberto Heras   Ciclismo

Este gran ciclista es de _____, una pequeña ciudad al sur de Salamanca.
En Salamanca está una de las más antiguas universidades de Europa.
Equipo actual: US Postal Service
Equipo anterior: KELME
Campeón del GP Primavera. 1999
Campeón de la Vuelta a España, 2000
Campeón del Tour de Cataluña, 2002

---

[1] nacer: *venir al mundo*

La vela[1]

Escribe los verbos en pretérito

Durante siglos, los veleros españoles, grandes y pequeños, sirvieron de medio de transporte a descubridores, conquistadores y colonizadores. Hoy la vela es un deporte muy popular, tanto para navegantes solitarios como para equipos. Aquí siguen tres ejemplos de su gran variedad.

El navegante solitario José Luis Ugarte es un representante ideal de la larga tradición marítima española. Este abuelo de 62 años (participar) _____ en la regata de la Vuelta al Mundo. Para Ugarte, un marino experto en cruzar el Atlántico, (ser) _____ la regata más dura de su vida.

La vela no es sólo para el recreo. A finales del siglo XVIII, el rey español Carlos III (organizar) _____ una expedición científica bajo las órdenes del navegante italiano Malaspina. Botánicos, zoólogos, cartógrafos y dibujantes (permanecer) _____ en navegación durante cinco años y a su vuelta a España aportaron más de 14.000 nuevas especies botánicas. Un equipo de Televisión Española (realizar) _____ el mismo trayecto, primero navegando por las costas de las Américas desde la Patagonia hasta Alaska y luego cruzando el Pacífico hasta llegar a las Filipinas, Nueva Zelanda y Australia. Este grupo de navegantes de Televisión Española no (volver) _____ con nuevas especies botánicas, sino con los capítulos para un programa de televisión.

Una regata que (despertar) _____ la imaginación de muchos fue el América 500, Rallye del Quinto Centenario, regata que (seguir) _____ el trayecto de Cristóbal Colón. Los navegantes (salir) _____ , como lo hizo Colón, del puerto español de Palos. (Parar) _____ , también como lo hizo Colón, en las islas Canarias. Y finalmente (llegar) _____ al puerto de San Salvador en el Caribe. Pero en este caso no (ser) _____ tres pequeños veleros, (ser) _____ unos doscientos veleros. Y sabían adonde iban.

---

[1] vela (f.): *deporte acuático en barcos sin motor*

1. En el pasado ¿por qué fueron importantes los veleros?

_____

_____

2. ¿Para qué se emplean en nuestros días?

_____

_____

Vocabulario
Repaso

Femenino	Masculino
atleta (f. y m.)	camino
bicicleta	campeón(a) (f. y m.)
deportista (f. y m.)	deporte
prohibición (prohibir)	resultado

Vocabulario nuevo

camiseta	casco
ciclista (f. y m.)	guante
gafas	pantalón
zapatilla	prestigio

Navegando por la Red
Para más información consulta:
(Nota: escribe primero el nombre del país)

1. **Ciclistas:** Miguel Induráin, Eddy Merckxx, Jacques Anquetil, Marco Pantani
2. **Equipos:** Festina, Telekom, U.S. Postal, Cofidis, ONCE, Banesto, FDJ, Casino, Polti, Rabobank, GAN, Boardman
3. **Vueltas:** Tour de France, Vuelta a España, Giro d'Italia
4. **Bailes:** flamenco, jota, sardana, seguidilla, danza de palos
5. **Periódicos:** El País, ABC, El Latinoamericano, El Mundo, La Vanguardia, newspapers Spain

NOTA CULTURAL:

La España del futuro y las consecuencias sociales

Necesariamente, en una España moderna, abierta al mundo y que forma parte integral de la Comunidad Europea, habrá cambios[1], y éstos serán sobre todo en las grandes ciudades, Madrid, Barcelona, Sevilla.

Hoy, la calle es la base de las relaciones sociales; es la famosa 'vida de la calle', tan española. Ésta sufrirá. Sufrirá porque la vida se basa cada vez más en el consumo y la consecuencia inmediata del consumo es que la gente no se ve en la calle sino en los restaurantes, en los gimnasios, en diferentes actividades culturales. Cada día hay más servicios, por ejemplo, más peluquerías, más clubs deportivos, en fin, más razones para que el individuo no tenga tiempo para estar en la calle.

El individualismo se desarrollará cada vez más. La gente verá más la televisión, estará dentro de la casa, y no fuera. Cuando el individuo salga de su casa, será para verse con amigos, no con los de su calle, sino los del trabajo o del club.

También hay un fuerte impacto económico. Los españoles ya no hacen sus compras todos los días en pequeñas tiendas cerca de sus casas. Las hacen una vez por semana en super o hipermercados y van allí en sus coches. En consecuencia, las pequeñas tiendas dejarán de existir y el español necesitará un coche para ir y venir. Por lo tanto, habrá que construir más autopistas y consecuentemente aumentará la contaminación del medio ambiente.

Otra consecuencia es la formación de guetos urbanos, algunos muy ricos, otros muy pobres. Y de allí otro resultado: más delincuencia juvenil y más aislamiento[2] social.

En conclusión, podemos decir que las relaciones sociales españolas serán cada vez más parecidas a las de otros países desarrollados, especialmente a las de las otras naciones europeas.

---

[1] cambio (m.): *modificación, variación*
[2] aislamiento (m.): *(verbo: aislar) estar solo y separado de otros*